2020
研究前沿及分析解读

中国科学院科技战略咨询研究院
中国科学院文献情报中心
〔英〕科睿唯安

2020 Research Fronts and Analysis

科学出版社
北京

内 容 简 介

本书以大数据和文献计量学中的共被引分析方法为基础，基于科睿唯安的 Essential Science Indicators(ESI) 数据库中的 11 626 个研究前沿，首先，遴选出 2020 年自然科学和社会科学的十一大学科领域排名靠前的 110 个热点前沿和 38 个新兴前沿，重点选择一些研究前沿进行了详细的分析和解读；然后利用研究前沿热度指数评估和分析了主要活跃国家在研究前沿中的研究活跃程度、主要贡献和发展潜力；最后，着重对中国和美国在 148 个研究前沿的参与情况进行了详细的比较分析，以期在基础前沿方向上掌握中国与美国的差距和了解各自的优势。

本书为基础前沿领域方向的分析提供定量监测和专业分析相结合的情报基础，为科技发展大势的研判提供一定的证据，对科技管理者、科研人员和公众具有重要的参考价值。

图书在版编目（CIP）数据

2020研究前沿及分析解读 / 中国科学院科技战略咨询研究院，中国科学院文献情报中心，英国科睿唯安著. — 北京：科学出版社，2022.11
ISBN 978-7-03-073978-0

Ⅰ. ①2… Ⅱ. ①中… ②中… ③英… Ⅲ. ①社会科学–发展–世界–2020 ②自然科学–发展–世界–2020 Ⅳ. ①C11②N11

中国版本图书馆 CIP 数据核字（2022）第221122号

责任编辑：侯俊琳　唐　傲　张翠霞／责任校对：杨　然
责任印制：赵　博／封面设计：无极书装
联系电话：010-64035853
E-mail： houjunlin@mail.sciencep.com

科学出版社 出版
北京东黄城根北街16号
邮政编码：100717
http://www.sciencep.com

涿州市殷润文化传播有限公司印刷
科学出版社发行　各地新华书店经销

*

2022 年 11 月第　一　版　　开本：787×1092　1/16
2023 年 4 月第二次印刷　　印张：10 1/4
字数：195 000

定价：98.00 元

（如有印装质量问题，我社负责调换）

编纂委员会

专家指导委员会

主　　　任　　白春礼
副 主 任　　高鸿钧
执行副主任　　潘教峰　刘会洲　郭　利
委　　　员　　于　渌　李国杰　方荣祥　李永舫　姚檀栋　翟明国
　　　　　　　喻树迅　李晋闽　张　凤　张晓林　刘　清　何国威
　　　　　　　肖立业　程代展　朱　祯　高彩霞　单保慈　赵　冰
　　　　　　　张建玲　刘会贞　田　野　史建波　施　一　张正斌
　　　　　　　张　雯　何　畅

2020 研究前沿

总体组

科睿唯安　　David Pendlebury　岳卫平　王　琳　李　颖
中国科学院科技战略咨询研究院　　冷伏海　周秋菊　杨　帆

前沿解读组（前沿命名与重点前沿解读分析）

农业科学、植物学和动物学　　袁建霞
生态与环境科学　　邢　颖
地球科学　　范唯唯　王海名　杨　帆
临床医学　　李赞梅　李军莲　冀玉静
生物科学　　周秋菊
化学与材料科学　　边文越　张超星
物理学　　黄龙光

天文学与天体物理学　　韩　淋　王海名　杨　帆
数学　　王海名　孙　震
信息科学　　王海霞　白如江
经济学、心理学及其他社会科学　　裴瑞敏

英文翻译组

袁建霞　邢　颖　周秋菊　范唯唯　王海名　杨　帆　李赞梅　李军莲
冀玉静　边文越　张超星　黄龙光　韩　淋　王海霞　孙　震　白如江
裴瑞敏　岳卫平　王　琳　Christopher M. King　李　颖

2020研究前沿热度指数

策　划　　潘教峰
指数设计　　冷伏海
数据分析与报告撰写　　周秋菊
统稿把关　　冷伏海　杨　帆　岳卫平
咨询顾问　　张　凤　刘　清　郭　利

中美研究前沿科研实力比较研究

数据分析、报告撰写及统稿　　周秋菊　冷伏海

数据支持组

科睿唯安
中国科学院科技战略咨询研究院　　王小梅　李国鹏

目 录
CONTENTS

第 1 章　方法论和数据说明 ·· 1
 1.1　背景介绍 ·· 1
 1.2　方法论 ·· 2

第 2 章　农业科学、植物学和动物学 ································ 7
 2.1　热点前沿及重点热点前沿解读 ······························ 7
 2.2　新兴前沿及重点新兴前沿解读 ······························ 12

第 3 章　生态与环境科学 ·· 13
 3.1　热点前沿及重点热点前沿解读 ······························ 13
 3.2　新兴前沿及重点新兴前沿解读 ······························ 17

第 4 章　地球科学 ·· 19
 4.1　热点前沿及重点热点前沿解读 ······························ 19
 4.2　新兴前沿及重点新兴前沿解读 ······························ 23

第 5 章　临床医学 ·· 25
 5.1　热点前沿及重点热点前沿解读 ······························ 25
 5.2　新兴前沿及重点新兴前沿解读 ······························ 30

第 6 章　生物科学 ·· 33
 6.1　热点前沿及重点热点前沿解读 ······························ 33
 6.2　新兴前沿及重点新兴前沿解读 ······························ 37

第 7 章　化学与材料科学 ·· 39
 7.1　热点前沿及重点热点前沿解读 ······························ 39
 7.2　新兴前沿及重点新兴前沿解读 ······························ 42

第 8 章　物理学 ·· 45
 8.1　热点前沿及重点热点前沿解读 ······························ 45

8.2　新兴前沿及重点新兴前沿解读 ·· 49

第 9 章　天文学与天体物理学 ·· 51
　　9.1　热点前沿及重点热点前沿解读 ·· 51
　　9.2　新兴前沿及重点新兴前沿解读 ·· 56

第 10 章　数学 ·· 57
　　10.1　热点前沿及重点热点前沿解读 ·· 57

第 11 章　信息科学 ·· 63
　　11.1　热点前沿及重点热点前沿解读 ·· 63

第 12 章　经济学、心理学及其他社会科学 ·· 69
　　12.1　热点前沿及重点热点前沿解读 ·· 69
　　12.2　新兴前沿及重点新兴前沿解读 ·· 73

第 13 章　2020 研究前沿热度指数 ·· 75
　　13.1　方法论 ·· 75
　　13.2　十一大学科领域整体国家研究前沿热度指数排名 ·· 77
　　13.3　国家研究前沿热度指数分领域分析 ·· 84

第 14 章　中美研究前沿科研实力比较研究 ·· 107
　　14.1　评价方法 ·· 108
　　14.2　中美在各领域的科研实力整体比较分析 ·· 109
　　14.3　中美在各主要领域具体前沿科研实力比较分析 ·· 114
　　14.4　讨论 ·· 145

附录　研究前沿综述：寻找科学的结构 ·· 149

第 1 章 方法论和数据说明

1.1 背景介绍

科学研究的世界呈现蔓延生长、不断演化的景象。科研管理者和政策制定者需要掌握科研的进展和动态，以有限的资源来支持和促进科学进步。对于他们而言，洞察科研动向，尤其是跟踪新兴专业领域，对其工作具有重大的意义。

为此，科睿唯安发布了"研究前沿"（Research Fronts）数据和报告。定义一个被称作研究前沿的专业领域的方法，源自科学研究之间存在的某种特定的共性。这种共性可能来自实验数据，也可能来自研究方法或者概念和假设，并反映在科学家在论文中引用其他科学家的工作这个学术行为之中。

通过持续跟踪全球最重要的科研和学术论文，研究分析论文被引用的模式和聚类，特别是成簇的高被引论文频繁地共同被引用的情况，可以发现研究前沿。当一簇高被引论文共同被引用的情形达到一定的活跃度和连贯性时，就形成一个研究前沿，而这一簇高被引论文便是组成该研究前沿的"核心论文"。研究前沿的分析数据揭示了不同研究者在探究相关的科学问题时会产生一定的关联，尽管这些研究人员的背景不同或来自不同的学科领域。

总之，研究前沿的分析提供了一个独特的视角来揭示科学研究的脉络。研究前沿的分析不依赖对文献的人工标引和分类（因为这种方法可能会有标引分类人员判断的主观性），而是基于研究人员的相互引用而形成的知识之间和人之间的联络。这些研究前沿的数据连续记载了分散的研究领域的发生、汇聚、发展（或者是萎缩、消散），以及分化和自组织成更近的研究活动节点。在演进的过程中，每组核心论文的基本情况，如主要的论文、作者、研究机构等，都可以被查明和跟踪。通过对该研究前沿的施引论文的分析，可以发现该领域的最新进展和发展方向。

2013年，科睿唯安发布了《2013研究前沿——自然科学与社会科学的前100个探索领域》的白皮书。2014年和2015年科睿唯安与中国科学院文献情报中心成立的"新兴技术未来分析联合研究中心"推出了《2014研究前沿》和《2015研究前沿》分析报告。2016年、2017年、2018年和2019年，中国科学院科技战略咨询研究院、中国科学院文献情报中心和科睿唯安联合发布了《2016研究前沿》《2017研究前沿》《2018研究前沿》和《2019研究前沿》分析报告。这一系列报告引起了全球广泛的关注。2020年，在以往系列研究前沿报告的基础上，推出了《2020研究前沿》分析报告。报告仍然以文献计量学中的共被引分析方法为基础，基于科睿唯安的Essential Science Indicators（ESI）数据库中的11 626个研究前沿，遴选出了2020年自然科学和社会科学的十一大学科领域排名最前的110个热点前沿和38个新兴前沿。

1.2 方法论

整个分析工作分为两个部分：研究前沿的遴选、148个研究前沿的核心论文及其施引论文的数据提供由科睿唯安负责完成；研究前沿的分析和重点研究前沿（包括重点热点前沿和重点新兴前沿）的遴选及解读由中国科学院科技战略咨询研究院科技战略情报研究所主持完成。此次分析基于2014~2019年的论文数据，数据下载时间为2020年3月。

1.2.1 研究前沿的遴选

《2020研究前沿》分析报告反映了当前自然科学与社会科学的十一大学科领域的148个研究前沿（包括110个热点前沿和38个新兴前沿）。我们以ESI数据库中的11 626个研究前沿为起点，遴选目标是要找到那些较为活跃或发展迅速的研究前沿。报告中所列的148个研究前沿的具体遴选过程如下。

1.2.1.1 热点前沿的遴选

首先把ESI数据库的21个学科划分到11[①]个高度聚合的大学科领域中，然后对每个ESI学科中的研究前沿的核心论文，按照总被引频次进行排序，提取排在每个ESI学科前10%的最具引文影响力的研究前沿，并将其整合到十一大领域中，以此数据为基础，再根据核心论文出版年的平均值重新排序，遴选出每个领域中那些"最年轻"的研究前沿。通过上述几个步骤在每个大学科领域分别选出10个热点前沿，共计110个热点前沿。因为每个领域具有不同的特点和引用行为，有些学科领域中的很多研究前沿在核心论文数和总被引频次上会相对较小，所以从十一大学科领域中分别遴选出的排名前10的热点前沿，代表各大领域中最具影响力的研究前沿，但并不一定代表跨数据库（所有学科）中最大最热的研究前沿。

---

① 2020年将以往的数学、计算机科学与工程学领域拆分成了数学和信息科学两个领域，但没有对工程学领域进行研究前沿的遴选，因而2020年的研究前沿报告涵盖十一大学科领域。

1.2.1.2 新兴前沿的遴选

一个有很多新近的核心论文的研究前沿，通常提示其是一个快速发展的专业研究方向。为了选取新兴的前沿，组成研究前沿的基础文献（即核心论文）的时效性是优先考虑的因素。这就是我们称其为"新兴前沿"的原因。为了识别新兴前沿，我们对研究前沿中的核心论文的出版年赋予了更多的权重或优先权，只有核心论文平均出版年在2018年6月之后的研究前沿才被考虑，将每个ESI学科的研究前沿按被引频次从高到低排序，选取被引频次排在前10%的研究前沿，然后各学科战略情报研究人员经过调研和评审，遴选出每个ESI学科中的新兴前沿，并将其整合到十一大领域中，从而遴选出了十一大领域的38个新兴前沿，这38个新兴前沿最早的平均出版年是2018.6。遴选不限定学科，因此38个新兴前沿在十一大学科领域中分布并不均匀，例如，数学领域和信息科学领域没有新兴前沿入选，生态与环境科学、地球科学、天文学与天体物理学等领域分别只有1个新兴前沿，而化学与材料科学领域则选出了6个新兴前沿。

通过以上两种方法，本报告突出显示了11个高度聚合的大学科领域中的110个热点前沿和38个新兴前沿。

1.2.2 研究前沿的分析及重点研究前沿的遴选和解读

本报告在科睿唯安遴选的148个研究前沿数据的基础上，由中国科学院科技战略咨询研究院的战略情报研究人员对十一大学科领域的110个热点前沿的发展趋势进行了分析，并对31个重点研究前沿进行了详细的解读（见第2~12章）。重点研究前沿包括重点热点前沿和重点新兴前沿两部分。

研究前沿由一组高被引的核心论文和一组共同引用核心论文的施引论文组成。核心论文来自ESI数据库中的高被引论文，即在同学科同年度中根据被引频次排在前1%的论文。这些有影响力的核心论文的作者、机构、国家在该领域也做出了不可磨灭的贡献，本报告也对其进行了深入分析和解读。同时，引用这些核心论文的施引论文可以反映出核心论文所提出的技术、数据、理论在发表之后是如何被进一步发展的，即使这些引用核心论文的施引论文本身并不是高被引论文。

1.2.2.1 重点研究前沿的遴选

2014年研究前沿设计了遴选重点研究前沿的指标CPT，2015年在CPT指标的基础上，又增加了规模指标，即核心论文数（P）。

1）核心论文数

ESI数据库用共被引文献簇（核心论文）来表征研究前沿，并根据文献簇的元数据及其统计揭示研究前沿的发展态势，其中P总量标志着研究前沿的大小，文献簇的平均出版年和论文的时间分布标志着研究前沿的进度。P值表达了研究前沿中知识基础的重要程度。在一定时间段内，一个前沿的P值越大，表明该前沿越活跃。

2）CPT指标

CPT，是核心论文的总被引频次（C）

除以 P，再除以施引论文所发生的年数（T）。"施引论文所发生的年数"指施引论文集合中最新发表的施引论文与最早发表的施引论文的发表时间的差值。如最新发表的施引论文的发表时间为 2019 年，最早发表的施引论文的发表时间为 2015 年，则该施引论文所生的年数为 4。

$$CPT = (C/P)/T = \frac{C}{P \cdot T}$$

CPT 实际上是一个研究前沿的平均引文影响力和施引论文发生年数的比值。该指标越高，代表该前沿越热或越具有影响力。它反映了某研究前沿的引文影响力的广泛性和及时性，可以用于探测研究前沿的突现、发展及预测研究前沿下一个时期可能的发展。该指标既考虑了某研究前沿受到关注的程度，即核心论文的总被引频次，又反映了该研究前沿受关注的年代趋势，即施引论文所发生的年度。

在研究前沿被持续引用的前提下，当两个研究前沿的 P 值和 T 值分别相等时，则 C 值较大的研究前沿的 CPT 值也随之较大，指示该研究前沿引文影响力较大。

当两个研究前沿的 C 值和 P 值分别相等时，则 T 值较小的研究前沿的 CPT 值会较大，指示该研究前沿在短期内受关注度较高。

当两个研究前沿的 C 值和 T 值分别相等时，则 P 值较小的研究前沿的 CPT 反而会较大，指示该研究前沿中核心论文的平均引文影响力较大。

《2020 研究前沿》在遴选重点研究前沿过程中，对每个大学科领域的 10 个热点前沿用 P 和 CPT 指标结合战略情报研究人员的专业判断各遴选出一个重点热点前沿，专业判断主要考虑该前沿是否对解决重大问题有重要意义。首先选择 P 值最大的前沿，如果 P 值最大的前沿已经在往年的研究前沿中解读过，就选择 P 值次大的前沿进行解读。然后，用 CPT 指标结合专业判断再各遴选出一个重点热点前沿。因此，通过这两种方法共遴选出 22 个重点热点前沿。对于 38 个新兴前沿，利用 CPT 指标结合战略情报研究人员的判断遴选出 9 个重点新兴前沿。因此对于 148 个研究前沿，共遴选出 31 个重点前沿进行深入解读。

1.2.2.2 研究前沿的分析和解读

1）热点前沿分析及重点热点前沿的解读

对于每个学科领域，第一张表展示各自的前 10 个热点前沿的核心论文的数量、被引频次及核心论文平均出版年，每个学科领域遴选出的重点热点前沿在表中用绿色底纹标出。然后，对每个学科领域遴选出的重点热点前沿进行深入分析和解读。因为分析数据基于 2014～2019 年发表的论文，所以核心论文平均出版年份会介于 2014～2019 年。

每个领域的 10 个研究前沿中引用核心论文的论文（施引论文）的年度分布用气泡图的方式展示。基于 P 值遴选的重点热点前沿用蓝色气泡表示，基于 CPT 指标遴选的重点热点前沿用红色气泡表示。气泡大小表示每年施引论文的数量，对于那些施引论文量大而施引论文所发生的年数少的前沿，也就是 CPT 值的前两种情况，可以从图中直观地看出哪些是重点热点前沿。但是对于 P 值较小的情况，则需要结合数据来看。大部分研究前沿的施引论文每年均有一定程度的增长，因此气泡图也有助于对研究前沿发展态势的理解。

每个学科领域的第二张表对核心论文的国家、机构活跃状况进行了分析，揭示出哪些国家、机构在某重点热点前沿中有较大贡献。第三张表则对施引论文中的国家和机构进行了分析，探讨机构、国家在这些研究前沿的发展中的研究布局。

2）新兴前沿分析及重点新兴前沿的解读

新兴前沿的体量（核心论文及其施引论文）较小，统计数据的分析意义不大。因此，只由战略情报研究人员对重点新兴前沿的核心论文及相关信息进行内容方面的解读，借此可以了解重点新兴前沿的发展脉络、研究力量布局及发展前景。

第2章 农业科学、植物学和动物学

2.1 热点前沿及重点热点前沿解读

2.1.1 农业科学、植物学和动物学领域 Top10 热点前沿发展态势

农业科学、植物学和动物学领域 Top10 的热点前沿主要分布在食品科学与工程、动物传染病、植物生理、作物科学、药用植物和动物营养 6 个子领域（表 2.1、图 2.1）。其中，食品科学与工程热点前沿数量最多，有 3 个，分别是粮食加工方法、果蔬干燥加工和食品智能包装研究；动物传染病有 1 个热点前沿，研究猪圆环病毒 3 型的鉴定与遗传特征；植物生理有 2 个热点前沿，分别是植物中一氧化氮的生理作用和光诱导气孔动力学；作物科学有 2 个热点前沿，分别是小麦基因组和转录组，以及作物生长和重金属污染防治；药用植物有 1 个热点前沿，研究植物提取物对疾病的治疗作用；动物营养有 1 个热点前沿，研究如何将昆虫粉作为新型可再生动物饲料的资源。

2020 年入选的 Top10 热点前沿与往年相比，食品科学与工程子领域的热点前沿较多，首次出现了智能包装、动物传染病等热点研究方向。同时，有些子领域的热点研究方向发生了变化，如药用植物子领域，2018 年的研究热点是药用化合物的基因调控，2020 年是植物提取物的治疗作用；在动物营养子领域，2018 年的研究热点是饲料添加剂，2020 年是饲料替代资源。

表 2.1 农业科学、植物学和动物学领域 Top10 热点前沿

排名	热点前沿	核心论文/篇	被引频次/次	核心论文平均出版年
1	不同加工处理方法对粮食淀粉结构和功能特性的影响	20	669	2018
2	果蔬干燥方法及其对干制品品质的影响	23	725	2017.8

续表

排名	热点前沿	核心论文/篇	被引频次/次	核心论文平均出版年
3	猪圆环病毒3型的鉴定与遗传特征分析	20	863	2017.7
4	食品智能包装薄膜的制备与表征	22	905	2017.6
5	植物中一氧化氮生理作用的调控机理	24	962	2017.4
6	光诱导气孔动力学对光合作用和水分利用效率的影响	18	1344	2017.3
7	小麦基因组和转录组研究	9	967	2017.3
8	植物提取物及其治疗作用研究	15	946	2017.2
9	生物炭和金属氧化物纳米粒子对作物生长和镉吸收的影响	18	1426	2017.1
10	昆虫粉作为新型可再生动物饲料资源的开发和利用	35	1888	2017

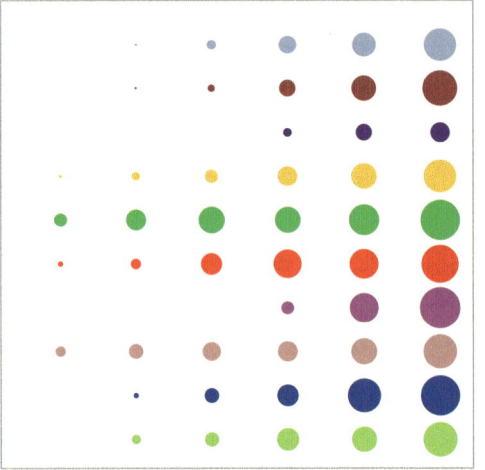

- 不同加工处理方法对粮食淀粉结构和功能特性的影响
- 果蔬干燥方法及其对干制品品质的影响
- 猪圆环病毒3型的鉴定与遗传特征分析
- 食品智能包装薄膜的制备与表征
- 植物中一氧化氮生理作用的调控机理
- 光诱导气孔动力学对光合作用和水分利用效率的影响
- 小麦基因组和转录组研究
- 植物提取物及其治疗作用研究
- 生物炭和金属氧化物纳米粒子对作物生长和镉吸收的影响
- 昆虫粉作为新型可再生动物饲料资源的开发和利用

图 2.1　农业科学、植物学和动物学领域 Top10 热点前沿的施引论文

2.1.2　重点热点前沿——"光诱导气孔动力学对光合作用和水分利用效率的影响"

随着人口增长，全球对主要食物的需求增长超过了粮食产量的增长，且差距还在扩大。之前绿色革命的方法已达到了单产增长的生物学极限，单产提高的速度面临减慢或停滞。但是光合作用在作物增产中的利用还非常有限，远没有达到其生物学极限，目前，其已经成为增加农作物产量的关键途径。因此，迫切需要加快对农作物光合作用过程和机理的了解。其中，叶片气孔由于可以控制植物光合作用，从而影响植物的生产力和水分利用效率，因此光合作用和水分利用中的光诱导气孔动力学研究成为重要热点前沿。

该前沿共有核心论文18篇，主要涉及叶片气孔开闭的解剖、生理、生化等机制，以及提高叶片气孔开闭快速性的调控策略等。在机制研究方面，重点研究了气孔的解剖特征、生理生化特征等对叶片气孔开闭快速性、气孔导度变化速度的影响，以及气孔开闭的快速性与光合作用二氧化碳吸收和水分利用的关系。在调控研究方面，重点研究了气孔动力学的光遗传学操纵，以及甘氨酸裂解系统的H蛋白、光系统Ⅱ亚基S、1,7-双磷酸酶、果糖1,6-双磷酸醛缩酶、光呼吸甘氨酸脱羧酶-H蛋白等基因的调控对光合作用、水分利用效率、作物生长和产量的影响，以及光照波动对气孔导度和光合作用的影响等。

核心论文Top产出国家和机构中（表2.2），英国贡献率最高，达77.8%，优势明显，排在第2位的美国的贡献率是英国的一半。英国的埃塞克斯大学在Top10机构中名列第1，贡献率为50.0%，美国的伊利诺伊大学香槟分校紧随其后，位列第2。

表2.2 "光诱导气孔动力学对光合作用和水分利用效率的影响"研究前沿中核心论文的Top产出国家和机构

排名	国家	核心论文/篇	比例/%	排名	机构	国家	核心论文/篇	比例/%
1	英国	14	77.8	1	埃塞克斯大学	英国	9	50.0
2	美国	7	38.9	2	伊利诺伊大学香槟分校	美国	7	38.9
3	德国	4	22.2	3	美国农业部	美国	5	27.8
4	中国	3	16.7	4	加州大学伯克利分校	美国	4	22.2
5	波兰	2	11.1	5	劳伦斯伯克利国家实验室	美国	3	16.7
5	荷兰	2	11.1	5	霍华休斯医学研究中心	美国	3	16.7
5	法国	2	11.1	7	格拉斯哥大学	英国	2	11.1
8	瑞士	1	5.6	7	波兰科学院	波兰	2	11.1
8	澳大利亚	1	5.6	7	马克斯·普朗克科学促进学会	德国	2	11.1
				7	兰卡斯特大学	英国	2	11.1
				7	杜塞尔多夫大学	德国	2	11.1
				7	中国科学院	中国	2	11.1

施引论文产出国家和机构中（表2.3），美国产出最多，英国排第2名，排名顺序与两国在核心论文贡献排名中的顺序恰好互换。中国排第3名，与对核心论文的贡献相比，在施引方面表现相对突出。在机构方面，德国的马克斯·普朗克科学促进学会、美国的伊利诺伊大学香槟分校和澳大利亚的澳大利亚国立大学领先，中国的中国科学院与英国的埃塞克斯大学并列排名第4。

表 2.3 "光诱导气孔动力学对光合作用和水分利用效率的影响"研究前沿中施引论文的 Top 产出国家和机构

排名	国家	施引论文/篇	比例/%	排名	机构	国家	施引论文/篇	比例/%
1	美国	267	29.6	1	马克斯·普朗克科学促进学会	德国	61	6.8
2	英国	195	21.6	2	伊利诺伊大学香槟分校	美国	56	6.2
3	中国	163	18.1	3	澳大利亚国立大学	澳大利亚	42	4.7
4	德国	135	15.0	4	埃塞克斯大学	英国	40	4.4
5	澳大利亚	99	11.0	4	中国科学院	中国	40	4.4
6	法国	49	5.4	6	美国农业部	美国	34	3.8
6	荷兰	49	5.4	7	法国国家农业食品与环境研究院	法国	33	3.7
6	西班牙	49	5.4	8	兰卡斯特大学	英国	30	3.3
9	巴西	41	4.5	9	瓦格宁根大学与研究中心	荷兰	27	3.0
10	日本	39	4.3	10	法国国家科学研究中心	法国	25	2.8

2.1.3 重点热点前沿——"生物炭和金属氧化物纳米粒子对作物生长和镉吸收的影响"

当今，重金属污染迅速增加，并主要积累在土壤中，随后通过生长在污染土壤中的作物转移至食物链，在全球范围内威胁人类健康，成为可持续农业食品生产的重大障碍。镉污染问题尤为严重，镉超标事件时有发生，因此，农业土壤镉修复与降低作物镉吸收和积累成为农业科技领域的研究热点之一。生物炭和金属氧化物纳米粒子作为土壤改良剂，不仅可以减缓镉毒性，还可以减轻干旱和盐胁迫对作物的不利影响，促进作物生长。因此，关于生物炭和金属氧化物纳米粒子对作物生长和镉吸收影响的研究成为当前的热点前沿方向。

该前沿共有核心论文 18 篇，研究涉及生物炭、各种金属氧化物纳米粒子和其他土壤改良剂单独或联合施用，对作物生长和镉吸收、积累的影响主要包括生物炭单独施用、硅纳米颗粒单独施用、锌和氧化铁纳米粒子联合施用、生物炭和氧化锌纳米粒子联合施用，以及生物炭与石灰石和褐煤联合施用等。研究结果表明，这些土壤改良剂不但可以在减少镉吸收和积累中发挥作用，还会对作物生长、产量和耐胁迫性产生积极影响。

在核心论文 Top 产出国家和机构中（表2.4），巴基斯坦贡献率最高，为100%，基本都是与其他国家合作发表；韩国贡献率名列第 2；中国贡献率与沙特阿拉伯、德国、法国并列第 3。机构中，来自巴基斯坦的费萨拉巴德政府学院、费萨拉巴德农业大学和巴哈丁·扎卡里亚大学表现突出，依次名列前 3。

表2.4 "生物炭和金属氧化物纳米粒子对作物生长和镉吸收的影响"
研究前沿中核心论文的Top产出国家和机构

排名	国家	核心论文/篇	比例/%	排名	机构	国家	核心论文/篇	比例/%
1	巴基斯坦	18	100.0	1	费萨拉巴德政府学院	巴基斯坦	18	100.0
2	韩国	7	38.9	2	费萨拉巴德农业大学	巴基斯坦	14	77.8
3	沙特阿拉伯	3	16.7	3	巴哈丁·扎卡里亚大学	巴基斯坦	7	38.9
3	德国	3	16.7	4	江原大学	韩国	5	27.8
3	法国	3	16.7	5	伍珀塔尔大学	德国	3	16.7
3	中国	3	16.7	5	艾克斯-马赛大学	法国	3	16.7
7	俄罗斯	2	11.1	5	沙特国王大学	沙特阿拉伯	3	16.7
7	丹麦	2	11.1	5	法国国家可持续发展研究所	法国	3	16.7
7	比利时	2	11.1	5	法国国家科学研究中心	法国	3	16.7
10	印度	1	5.6					

施引论文产出国家和机构中（表2.5），中国表现最突出，占比近45%，远远领先其他国家，是排名第2的巴基斯坦的2倍。但机构以巴基斯坦的费萨拉巴德政府学院领先，其后依次是巴基斯坦的费萨拉巴德农业大学和中国的中国科学院，分别名列第2和第3。

表2.5 "生物炭和金属氧化物纳米粒子对作物生长和镉吸收的影响"
研究前沿中施引论文的Top产出国家和机构

排名	国家	施引论文/篇	比例/%	排名	机构	国家	施引论文/篇	比例/%
1	中国	377	44.8	1	费萨拉巴德政府学院	巴基斯坦	120	14.3
2	巴基斯坦	189	22.4	2	费萨拉巴德农业大学	巴基斯坦	86	10.2
3	美国	81	9.6	3	中国科学院	中国	65	7.7
4	印度	70	8.3	4	巴哈丁·扎卡里亚大学	巴基斯坦	50	5.9
5	韩国	63	7.5	5	沙特国王大学	沙特阿拉伯	35	4.2
6	沙特阿拉伯	47	5.6	5	中国农业科学院	中国	35	4.2
7	澳大利亚	40	4.8	7	江原大学	韩国	27	3.2
8	巴西	35	4.2	8	华中农业大学	中国	25	3.0
8	埃及	35	4.2	9	康萨斯伊斯兰堡大学	巴基斯坦	24	2.9
10	伊朗	34	4.0	10	高丽大学	韩国	23	2.7

2.2 新兴前沿及重点新兴前沿解读

2.2.1 新兴前沿概述

农业科学、植物学和动物学领域有 1 个方向入选新兴前沿,即"可降解废弃物资源化利用生物学调控技术及机制研究"(表 2.6)。

表 2.6 农业科学、植物学和动物学领域的 1 个新兴前沿

序号	新兴前沿	核心论文/篇	被引频次/次	核心论文平均出版年
1	可降解废弃物资源化利用生物学调控技术及机制研究	5	81	2019

2.2.2 重点新兴前沿——"可降解废弃物资源化利用生物学调控技术及机制研究"

可降解废弃物是指可自然分解的有机废弃物,主要包括城市生活产生的餐厨垃圾、城市污泥和生活垃圾中的有机垃圾等,以及农业生产过程中产生的畜禽粪便、养殖类废弃物、农产品加工废弃物和农作物秸秆等。随着我国经济的快速发展和人们生活水平的不断提高,我国可降解废弃物呈现"种类多、量大、价值低、致病性高、资源利用率低"等特点,给城乡生态安全和卫生防疫带来了严重隐患。国内外关于有机废弃物的处置方式也逐渐由丢弃、堆焚等转变为以微生物转化为基础的有机废弃物好氧堆肥和厌氧消化技术等。研究内容主要集中于发酵过程中微生物群落的演替,对生物学调控及机制的研究较少。此外,国内外对蝇蛆、水虻等昆虫处理有机废弃物生物转化的研究正处于起步阶段,特别是昆虫-微生物高效转化调控机制是今后研究的热点。

该新兴前沿主要研究了:在不同废弃物堆肥过程中,细菌群落在有机氮增强生物利用度中的作用;堆肥过程中多源性胡敏素组分演变及其影响因素评价;不同废弃物堆肥胡敏素类物质形成机制的差异性;来自不同堆肥环境的腐殖质呼吸作用对增强五氯苯酚脱氯的生物贡献;通过调节关键酶活性,改善多种放线菌接种秸秆堆肥过程中木质纤维素的降解性能等。

第 3 章 生态与环境科学

3.1 热点前沿及重点热点前沿解读

3.1.1 生态与环境科学领域 Top10 热点前沿发展态势

生态与环境科学领域的 Top10 热点前沿主要分布在生态科学和环境科学两个子领域（表 3.1、图 3.1）。

环境科学子领域的热点前沿主要涉及污水处理的原理和技术、大气污染和环境污染物的环境特征与风险研究。其中，水环境问题及多学科解决方案、典型污染物和污染问题是重要的关注点。生活污水处理的原理和技术相关前沿包括"厌氧氨氧化技术及在污水处理中的应用"、"微生物种间电子转移的机理及应用"及"污水处理厂中微塑料污染的发生、归趋、检测与消除"。前两个前沿在 2019 年也同时入选了环境领域的 Top10 热点前沿，而"污水处理厂中微塑料污染的发生、归趋、检测与消除"这一前沿正是因应了近年海洋和陆地水体微塑料污染这一重大环境问题而形成的。环境污染物的环境特征与风险研究方向的前沿涉及近年的全球性污染物和新兴典型污染物，包括"全球汞排放的时空特征与趋势"和"全氟化合物的环境行为与毒理研究"，其中全球汞排放相关前沿也曾入选 2016 年、2017 年的研究前沿。此外，环境科学子领域还包括大气污染相关的研究前沿"天气模式和边界层结构对大气气溶胶污染的影响"及海水淡化技术相关的研究前沿"电容去离子技术及在海水淡化中的应用"。

生态科学子领域的热点前沿主要涉及物种入侵、森林生态及生态位模型方向的 3 个前沿，具体包括"全球尺度外来物种入侵的评估、影响与管理"、"森林火灾的趋势、影响因素与森林更新机制"及"生态位模型及开发工具"，其中"全球尺度外来物种入侵的评估、影响与管理"相关前沿连续第 3 年入选热点前沿。

表 3.1 生态与环境科学领域 Top10 热点前沿

排名	热点前沿	核心论文/篇	被引频次/次	核心论文平均出版年
1	污水处理厂中微塑料污染的发生、归趋、检测与消除	16	1292	2017.4
2	电容去离子技术及在海水淡化中的应用	23	1991	2017.1
3	全球尺度外来物种入侵的评估、影响与管理	34	2751	2017
4	森林火灾的趋势、影响因素与森林更新机制	15	1786	2016.9
5	天气模式和边界层结构对大气气溶胶污染的影响	12	963	2016.8
6	全球汞排放的时空特征与趋势	19	1557	2016.5
7	生态位模型及开发工具	17	2491	2016.4
8	微生物种间电子转移的机理及应用	18	1909	2016.4
9	厌氧氨氧化技术及在污水处理中的应用	28	2799	2016.3
10	全氟化合物的环境行为与毒理研究	14	1322	2016.3

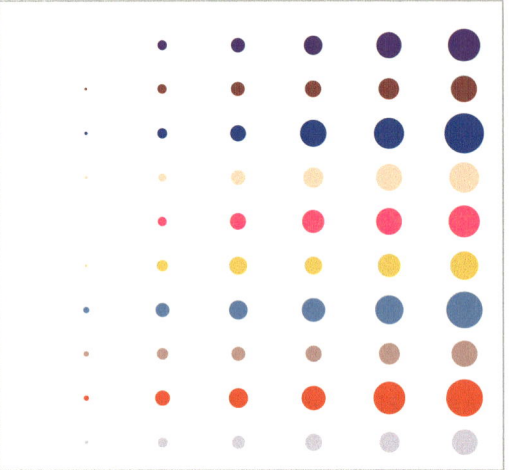

图 3.1 生态与环境科学领域 Top10 热点前沿的施引论文

3.1.2 重点热点前沿——"全球尺度外来物种入侵的评估、影响与管理"

外来物种入侵又称生物入侵,是指生物物种由原产地通过自然或人工的途径迁移到新的生态环境的过程。外来物种入侵会损害当地的生物多样性、破坏景观的自然性和完整性、威胁生态系统健康,造成巨大的生态、环境、社会、经济损失。近年来,随着全球化带来的跨国、跨地区经济活动和国际交往愈加频繁,外来物种入侵的问题日益严重,入侵物种数量迅速增加,外来入侵生物正以史无前例的速度扩张。外来物种入侵研究特别是全球尺度的外来物种入侵的评估、影响和管理的研究成为生态学领域的热点研究问题,相关问题连续 3 年入选热点研究前沿。

该热点前沿的核心论文有34篇，研究内容覆盖外来物种入侵的各层面研究问题，包括：全球外来物种入侵的水平、风险评估、地理分布；全球尺度上外来物种入侵的影响类别和程度；对城市和岛屿的物种入侵研究；物种入侵的公众认知、管理决策和学术研究；等等。

统计分析核心论文产出的国家和机构（表3.2），英国、南非和澳大利亚的核心论文数量均占核心论文总数的半数及以上，排第1~3位，瑞士、德国与捷克均以超过40%的核心论文占比并列排第4位。发表核心论文最多的前3位机构来自南非和捷克，分别是南非的斯坦陵布什大学、捷克的捷克科学院和布拉格查尔斯大学。

表3.2 "全球尺度外来物种入侵的评估、影响与管理"研究前沿中核心论文的 Top 产出国家和机构

排名	国家	核心论文/篇	比例/%	排名	机构	国家	核心论文/篇	比例/%
1	英国	22	64.7	1	斯坦陵布什大学	南非	19	55.9
2	南非	21	61.8	2	捷克科学院	捷克	14	41.2
3	澳大利亚	17	50.0	3	布拉格查尔斯大学	捷克	11	32.4
4	瑞士	14	41.2	4	维也纳大学	奥地利	10	29.4
4	德国	14	41.2	4	西班牙科学研究委员会	西班牙	10	29.4
4	捷克	14	41.2	6	国家环境保护研究所	意大利	9	26.5
7	新西兰	13	38.2	7	弗里堡大学	瑞士	8	23.5
8	美国	12	35.3	7	伦敦大学学院	英国	8	23.5
9	西班牙	11	32.4	7	阿德莱德大学	澳大利亚	8	23.5
9	奥地利	11	32.4	7	伦敦动物学会动物研究所	英国	8	23.5

从施引论文的来源国家和机构来看（表3.3），美国、英国和澳大利亚是施引论文的前3位来源国。施引论文的 Top 来源机构主要来自南非、法国、捷克、西班牙等。

综合核心论文和施引论文的表现，美国、英国、澳大利亚、南非等国表现突出，特别是该前沿讨论全球尺度的生态问题，核心论文的国际合作程度较高；机构中南非斯坦陵布什大学、捷克科学院和布拉格查尔斯大学、奥地利维也纳大学、西班牙科学研究委员会等机构均贡献了较大比例的核心论文和施引论文，在该前沿中具有重要地位。

表3.3 "全球尺度外来物种入侵的评估、影响与管理"研究前沿中施引论文 Top 产出国家和机构

排名	国家	施引论文/篇	比例/%	排名	机构	国家	施引论文/篇	比例/%
1	美国	536	29.0	1	斯坦陵布什大学	南非	170	9.2
2	英国	393	21.3	2	法国国家科学研究中心	法国	134	7.3
3	澳大利亚	307	16.6	3	捷克科学院	捷克	117	6.3
4	南非	251	13.6	4	西班牙科学研究委员会	西班牙	104	5.6

续表

排名	国家	施引论文/篇	比例/%	排名	机构	国家	施引论文/篇	比例/%
5	德国	245	13.3	5	布拉格查尔斯大学	捷克	96	5.2
6	法国	195	10.6	6	维也纳大学	奥地利	75	4.1
7	意大利	191	10.3	7	美国农业部	美国	73	4.0
8	加拿大	165	8.9	8	南非国家生物多样性研究所	南非	70	3.8
9	西班牙	161	8.7	9	贝尔法斯特女王大学	英国	61	3.3
10	新西兰	154	8.3	10	国家农业食品与环境研究院	法国	56	3.0

3.1.3 重点热点前沿——"厌氧氨氧化技术及在污水处理中的应用"

厌氧氨氧化（ANAMMOX）技术是20世纪90年代开发的一种新型生物脱氮技术，在废水处理中具有广泛的应用前景。厌氧氨氧化反应是指在厌氧或者缺氧条件下，厌氧氨氧化微生物以亚硝态氮为电子受体，将氨氮氧化为氮气，并生成部分硝态氮的生物过程。厌氧氨氧化反应是自养型生物脱氮反应，该过程无需外加有机碳源，不消耗氧气、不会产生二次污染，在高氨氮低碳源废水处理方面具有重要应用价值。由于在节能降耗和环境友好方面的独特优点，因此厌氧氨氧化技术被公认为目前最具应用前景的生物脱氮技术，自发明以来一直是国内外的研究热点，其研究不断深化，相关研究主题连续两年入选该课题研究的热点前沿。

该热点前沿的核心论文有28篇，主要集中在4个方向：①不同厌氧氨氧化工艺的探索；②碳氮比、温度等因素对厌氧氨氧化技术处理污水效果的影响；③厌氧氨氧化菌的生理学、微生物组学、微生物群落相互作用、微生物生态学的研究；④厌氧氨氧化颗粒污泥中胞外多聚物的成分、结构、作用及控制策略等。目前基于厌氧氨氧化原理，科学家已经开发出多个工艺，如部分亚硝化-厌氧氨氧化（PN-ANAMMOX）联合工艺。德国卡尔斯鲁厄理工学院联合欧洲多国团队2014年在 *Water Research* 上发表论文，调查总结了亚硝化-厌氧氨氧化联合工艺的开发、实施和优化。该论文被引用610次，是该前沿被引频次最高的核心论文。

统计分析核心论文产出的国家和机构（表3.4）。中国是贡献最大的核心论义产出国，核心论文占论文总数的50%。美国和荷兰并列第2位。核心论文的主要产出机构中国也贡献突出。北京工业大学、哈尔滨工业大学和湖南大学分别列第1、3、4位。

从施引论文的来源国家和机构来看（表3.5），中国贡献最大，远超过排第2位的美国和澳大利亚。施引论文Top来源机构中6家机构来自中国。从核心论文和施引论文的贡献来看，中国在该前沿中贡献突出，无论是核心论文还是施引论文数量均显著领先其他国家，相对美国等国有较大优势，中国多家研究机构同样贡献突出。该前沿数据展现出中国在该领域的重要地位。

表 3.4 "厌氧氨氧化技术及在污水处理中的应用"研究前沿中核心论文的 Top 产出国家和机构

排名	国家	核心论文/篇	比例/%	排名	机构	国家	核心论文/篇	比例/%
1	中国	14	50.0	1	代夫特工业大学	荷兰	5	17.9
2	美国	5	17.9	1	北京工业大学	中国	5	17.9
2	荷兰	5	17.9	3	哈尔滨工业大学	中国	4	14.3
4	德国	3	10.7	4	湖南大学	中国	3	10.7
5	瑞士	2	7.1	5	瑞士联邦理工学院	瑞士	2	7.1
5	法国	2	7.1	5	卡尔斯鲁厄理工学院	德国	2	7.1
5	丹麦	2	7.1	5	亥姆霍兹联合会	德国	2	7.1
				5	奥尔堡大学	丹麦	2	7.1

表 3.5 "厌氧氨氧化技术及在污水处理中的应用"研究前沿中施引论文的 Top 产出国家和机构

排名	国家	施引论文/篇	比例/%	排名	机构	国家	施引论文/篇	比例/%
1	中国	1059	57.5	1	哈尔滨工业大学	中国	133	7.2
2	美国	252	13.7	2	北京工业大学	中国	123	6.7
3	澳大利亚	102	5.5	3	中国科学院	中国	116	6.3
4	荷兰	101	5.5	4	代夫特工业大学	荷兰	70	3.8
5	西班牙	89	4.8	5	同济大学	中国	58	3.2
6	日本	84	4.6	6	昆士兰大学	澳大利亚	51	2.8
7	德国	60	3.3	7	南洋理工大学	新加坡	46	2.5
8	加拿大	59	3.2	8	清华大学	中国	41	2.2
9	新加坡	51	2.8	9	浙江大学	中国	38	2.1
10	韩国	48	2.6	10	根特大学	比利时	35	1.9

3.2 新兴前沿及重点新兴前沿解读

3.2.1 新兴前沿概述

生态与环境科学领域有 1 个方向入选新兴前沿，即"生物柴油中混合组分和添加剂对柴油机性能和排放的影响"（表 3.6）。

表 3.6 生态与环境科学领域的 1 个新兴前沿

序号	新兴前沿	核心论文/篇	被引频次/次	核心论文平均出版年
1	生物柴油中混合组分和添加剂对柴油机性能和排放的影响	14	208	2018.9

3.2.2 重点新兴前沿——"生物柴油中混合组分和添加剂对柴油机性能和排放的影响"

生物柴油是由植物或动物脂肪与甲醇或乙醇经酯化而形成的脂肪酸甲酯或乙酯。生物柴油是一种可以部分替代化石柴油的新型液体燃料，具有环保性能好、发动机启动性能好、燃料性能好、原料来源广泛、可生物降解和再生、无毒等特性。生物柴油对降低柴油机排放污染、减轻环境压力、推进能源结构调整具有重要的战略意义，是一种广受关注、具有较大应用前景的绿色能源。世界各国纷纷采取行动，大力推进生物柴油的开发和应用。生物柴油生产关键技术、生物柴油的燃烧性能等相关研究成为关注的热点。

该新兴前沿的主要内容为乙醇、水、丙酮或庚烷醇等物质分别与生物柴油混合，以及纳米添加剂、含氧添加剂等添加剂对生物柴油发动机的性能、燃烧特性和排放特性的影响研究。

第 4 章 地球科学

4.1 热点前沿及重点热点前沿解读

4.1.1 地球科学领域 Top10 热点前沿发展态势

地球科学领域 Top10 热点前沿中有 7 个属于地质学相关研究（表 4.1、图 4.1）。其中，流体注入引发的地震活动研究连续 3 年入选《研究前沿》系列报告，"利用好奇号开展盖尔陨石坑的岩石矿物学研究"连续 4 年入选，呈现出热点问题研究的延续性。研究方法方面，自 2017 年起，有越来越多的热点前沿利用天基探测平台和人工智能方法开展地质学研究，反映出遥感和信息技术进步对地球科学发展的巨大推动作用，如"利用机器学习方法分析滑坡敏感性"、"'哨兵'和 Landsat 系列卫星反射率数据产品性能分析"、"'土壤湿度主动-被动测量'和'土壤湿度和海洋盐度'卫星数据产品的比较验证"、"基于卫星数据分析日光诱导叶绿素荧光与植被光合作用的关系"。Top10 热点前沿中还有 2 个海洋科学和 1 个气候变化的相关研究。

表 4.1 地球科学领域 Top10 热点前沿

排名	热点前沿	核心论文/篇	被引频次/次	核心论文平均出版年
1	利用机器学习方法分析滑坡敏感性	47	1580	2018.3
2	全球冰川物质平衡变化及影响分析	18	1188	2017.4
3	天然气水合物成藏特征和开采工艺研究	36	2179	2017.3
4	海洋亚中尺度动力过程及观测研究	17	1057	2017.2
5	"哨兵"和 Landsat 系列卫星反射率数据产品性能分析	13	1198	2017.1
6	"土壤湿度主动-被动测量"和"土壤湿度和海洋盐度"卫星数据产品的比较验证	16	1134	2017.1
7	流体注入引发的地震活动研究	24	1909	2016.8

续表

排名	热点前沿	核心论文/篇	被引频次/次	核心论文平均出版年
8	基于卫星数据分析日光诱导叶绿素荧光与植被光合作用的关系	26	2141	2016.6
9	北大西洋经向翻转环流的观测研究	11	1068	2016.5
10	利用好奇号开展盖尔陨石坑的岩石矿物学研究	24	2580	2016

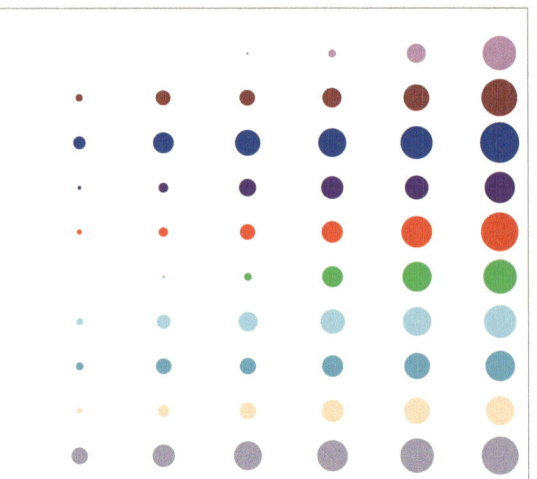

图 4.1 地球科学领域 Top10 热点前沿的施引论文

4.1.2 重点热点前沿——"天然气水合物成藏特征和开采工艺研究"

天然气水合物又称可燃冰，是由天然气与水在高压低温条件下形成的类冰状的结晶物质，主要分布于深海沉积物或陆域的永久冻土中。其因具有分布广、储量大、埋藏浅、能效高、污染低等优点，是后石油时代的最佳替代能源之一。

天然气水合物开采的基本原理是，通过改变天然气水合物的稳定赋存条件，使气体从固态水合物中分离出来，再通过收集游离气体以实现连续开采。主要的方法包括降压法、热激发法、化学抑制剂法、CO_2 置换法和水力提升法等。但到目前为止，天然气水合物的开采方法仍处于概念和实验研究阶段，没有形成一套完整的开采理论，制约天然气水合物安全高效开发的三大技术挑战——"装备安全、生产安全和环境安全"尚未实现根本性突破，距离商业应用还有很长的路要走。

世界各国特别是能源短缺国家非常重视天然气水合物的调查研究工作，尤以美国、印度、日本、韩国、德国、加拿大等国表现活跃，相继将天然气水合物列入国家重点发展战略，制订研发计划，并成立专门研究机构积极推进天然气水合物钻探和试采。

该热点前沿的定量统计结果印证了上述国家对天然气水合物研究的重视（表4.2）：美国发表的核心论文数量最多，全部36篇核心论文中有一半来自美国。印度、日本和中国也表现亮眼。在产出机构方面，美国机构最多，占所有核心论文Top研究机构数量的1/3，其中美国地质调查局主导了13篇核心论文。日本紧随其后，有3所机构上榜。中国和印度各有2所机构上榜。新加坡的5篇核心论文均来自新加坡国立大学，该校Praveen Linga教授团队产出了该热点前沿被引频次最高的前3篇核心论文，重点梳理了天然气水合物在实验室环境中的最新进展和现场开采试验情况，讨论了各开发方法的局限性和大规模开采面临的挑战。

表4.2 "天然气水合物成藏特征和开采工艺研究"研究前沿中核心论文的Top产出国家和机构

排名	国家	核心论文/篇	比例/%	排名	机构	国家	核心论文/篇	比例/%
1	美国	18	50.0	1	美国地质调查局	美国	13	36.1
2	印度	12	33.3	2	印度石油天然气公司	印度	9	25.0
3	日本	9	25.0	3	日本产业技术综合研究所	日本	8	22.2
4	中国	8	22.2	4	美国国家能源技术实验室	美国	7	19.4
5	英国	5	13.9	5	新加坡国立大学	新加坡	5	13.9
5	新加坡	5	13.9	6	东京大学	日本	4	11.1
7	韩国	2	5.6	6	大连理工大学	中国	4	11.1
7	德国	2	5.6	8	加州大学伯克利分校	美国	3	8.3
7	加拿大	2	5.6	8	印度国家化学实验室	印度	3	8.3
				8	日本国家石油天然气和金属公司	日本	3	8.3
				8	佐治亚理工学院	美国	3	8.3
				8	中国科学院	中国	3	8.3

中国天然气水合物研究启动较晚，但进展迅速，目前处于从水合物基础研究向开采技术发展的阶段。中国在该方向积极开展研究，施引论文多达468篇（表4.3）。在Top施引论文机构中，中国科学院、大连理工大学和中国石油大学包揽了前3名。在中国科学院的108篇施引论文中，中国科学院广州能源研究所贡献了82篇，表现突出。

表4.3 "天然气水合物成藏特征和开采工艺研究"研究前沿中施引论文的Top产出国家和机构

排名	国家	施引论文/篇	比例/%	排名	机构	国家	施引论文/篇	比例/%
1	中国	468	36.8	1	中国科学院	中国	108	8.5
2	美国	262	20.6	2	大连理工大学	中国	95	7.5
3	日本	109	8.6	3	中国石油大学	中国	92	7.2
4	德国	100	7.9	4	新加坡国立大学	新加坡	78	6.1
5	英国	98	7.7	5	亥姆霍兹联合会	德国	66	5.2
6	印度	88	6.9	6	俄罗斯科学院	俄罗斯	61	4.8

续表

排名	国家	施引论文/篇	比例/%	排名	机构	国家	施引论文/篇	比例/%
7	俄罗斯	85	6.7	7	挪威特罗姆瑟大学	挪威	50	3.9
8	挪威	82	6.4	8	日本产业技术综合研究所	日本	45	3.5
9	新加坡	80	6.3	9	德国莱布尼茨海洋科学研究所	德国	44	3.5
10	韩国	75	5.9	10	印度国家化学实验室	印度	42	3.3

4.1.3 重点热点前沿——"'哨兵'和Landsat系列卫星反射率数据产品性能分析"

"哨兵"系列卫星是欧洲"哥白尼"对地观测计划的卫星任务类型之一，目前有7颗卫星在轨运行，主要开展雷达和对地多光谱成像、海洋及大气监测。Landsat系列卫星是由美国国家航空航天局和美国地质调查局共同管理的地球资源卫星，目前已经发射了8颗卫星，有2颗仍在轨运行，主要任务是调查地下矿藏、海洋资源和地下水资源。这两个系列卫星的遥感数据均免费向公众开放使用，极大地推动了技术和产业创新，帮助行业发展，并产生了高额的经济价值。

该热点前沿的13篇核心论文主要分析了哨兵-2A、哨兵-2B、Landsat-7和Landsat-8的变化检测能力，对比了两种系列卫星的大气和地表反射率数据产品性能。美国在该前沿领域占据绝对优势，贡献了12篇论文，占所有核心论文的92.3%（表4.4）。其中，美国南达科塔州立大学和美国国家航空航天局各贡献6篇。波士顿大学虽然只产出1篇核心论文"Continuous Change Detection and Classification of Land Cover Using All Available Landsat Data"，但被引频次最高，达305次。该文利用519张Landsat图像，开发出一种新型土地覆盖连续变化检测与分类算法，可以提供任意指定时间的土地覆盖图。

表4.4 "'哨兵'和Landsat系列卫星反射率数据产品性能分析"研究前沿中核心论文的Top产出国家和机构

排名	国家	核心论文/篇	比例/%	排名	机构	国家	核心论文/篇	比例/%
1	美国	12	92.3	1	美国南达科塔州立大学	美国	6	46.2
2	英国	2	15.4	1	美国国家航空航天局	美国	6	46.2
2	德国	2	15.4	3	马里兰大学帕克分校	美国	4	30.8
2	法国	2	15.4	4	泰雷兹集团	法国	2	15.4
2	澳大利亚	2	15.4	4	澳大利亚地球科学研究所	澳大利亚	2	15.4
6	意大利	1	7.7					
6	加拿大	1	7.7					
6	比利时	1	7.7					

从施引论文角度来看（表 4.5），美国的施引论文最多，达 366 篇。中国的施引论文位列第 2。施引论文数量 Top 机构中，有 6 所美国机构。中国科学院以 104 篇位居第 1，其中尤以中国科学院遥感与数字地球研究所和中国科学院地理科学与资源研究所表现突出。

表 4.5 "'哨兵'和 Landsat 系列卫星反射率数据产品性能分析"研究前沿中施引论文的 Top 产出国家和机构

排名	国家	施引论文 / 篇	比例 /%	排名	机构	国家	施引论文 / 篇	比例 /%
1	美国	366	42.0	1	中国科学院	中国	104	11.9
2	中国	241	27.6	2	美国国家航空航天局	美国	66	7.6
3	德国	80	9.2	3	马里兰大学帕克分校	美国	56	6.4
4	加拿大	76	8.7	4	美国地质调查局	美国	55	6.3
5	英国	63	7.2	5	美国南达科塔州立大学	美国	53	6.1
6	意大利	48	5.5	6	美国农业部	美国	39	4.5
7	澳大利亚	41	4.7	7	加拿大自然资源公司	加拿大	35	4.0
7	西班牙	41	4.7	8	波士顿大学	美国	29	3.3
9	法国	39	4.5	9	柏林洪堡大学	德国	27	3.1
10	巴西	34	3.9	10	加拿大森林服务部	加拿大	24	2.8

4.2 新兴前沿及重点新兴前沿解读

4.2.1 新兴前沿概述

地球科学领域有 1 项研究入选新兴前沿，即"印度尼西亚火山喷发预测模型研究"（表 4.6）。

表 4.6 地球科学领域的 1 个新兴前沿

序号	新兴前沿	核心论文 / 篇	被引频次	核心论文平均出版年
1	印度尼西亚火山喷发预测模型研究	7	134	2018.6

4.2.2 重点新兴前沿——"印度尼西亚火山喷发预测模型研究"

火山喷发是人类面临的一种重大自然灾害。据不完全统计，全球有近 20% 的居民生活在火山灾害危险区和影响区范围内。在过去 400 年的时间里，火山喷发已经夺去了大约 27 万人的生命。印度尼西亚邻接构造活跃地区，地震和火山作用频繁。7.4 万年前多巴火山（Toba Volcano）爆发是过去 200 万年地球内最大的一次火山爆发。自 1500 年起，印度尼西亚至少有 95 座火山爆发过，1815 年坦博拉火山

（Tambora Volcano）的爆发造成了北半球的"无夏之年"。

火山喷发预测预警是减轻和防御火山灾害的基础。火山监测是通过监视和检测地下岩浆的动态变化，捕捉火山喷发前兆，为火山喷发预报与研究提供科学依据。火山喷发预测则是基于火山监测获取的地质活动数据开发喷发预测模型，从而实现对火山喷发的提前预测。

2020年度地球科学领域新兴前沿"印度尼西亚火山喷发预测模型研究"中的核心论文聚焦在对印度尼西亚锡纳朋火山（Sinabung Volcano）、格鲁特火山（Kelud Volcano）近期系列火山爆发的系统研究，从火山学、岩石学、地球化学、遥感、火山喷发预测模型研究以及社会对火山爆发的响应等角度对两处火山开展对比分析，对未来火山喷发和地质演变研究具有重要价值。美国在该前沿占有绝对优势地位，印度尼西亚与美国在该前沿合作密切。

第 5 章 临床医学

5.1 热点前沿及重点热点前沿解读

5.1.1 临床医学领域 Top10 热点前沿发展态势

临床医学领域 Top10 热点前沿主要集中于肿瘤免疫与靶向治疗、新型靶向药物治疗常见慢性病、神经退行性疾病早期诊断、医学人工智能、生物类似药规范使用、器官移植等领域。"靶向治疗""免疫治疗"是 2020 年热点前沿中的核心内容（表 5.1、图 5.1）。

2020 年入选的 Top10 热点前沿，与往年相比，出现了肿瘤免疫治疗超进展、基于深度学习的人工智能在眼科领域应用等新的研究热点。同时，也有多个前沿实现了在延续中发展，如关于生物类似药的研究，2019 年侧重其临床有效性和安全性，2020 年则多为评估与原研药互换后的长期疗效研究；关于靶向 tall 蛋白的 PET 成像研究，2019 年以在神经退行性疾病中的结合特性研究为主，2020 年则进而研究该技术在阿尔茨海默病（Alzheimer's disedse，AD）早期诊断中的应用。

表 5.1 临床医学领域 Top10 热点前沿

排名	热点前沿	核心论文/篇	被引频次/次	核心论文平均出版年
1	肿瘤免疫治疗超进展现象	13	1466	2017.8
2	急性髓系白血病分子靶向治疗	12	1432	2017.7
3	供体肝机械灌注保存	27	1574	2017.6
4	人工智能与深度学习在眼科领域应用	21	3353	2017.5
5	白细胞介素单抗治疗中重度特应性皮炎	18	2100	2017.4
6	生物类似药与原研药可互换性	33	2053	2017.4
7	血液神经丝轻链蛋白作为神经系统疾病生物标志物	26	2404	2017.2

续表

排名	热点前沿	核心论文/篇	被引频次/次	核心论文平均出版年
8	CGRP 单抗新药用于偏头痛预防性治疗	27	2187	2017.2
9	阿尔茨海默病 tau 蛋白 PET 影像诊断	42	4114	2017
10	肿瘤免疫检查点抑制剂治疗相关不良反应管理	39	3793	2017

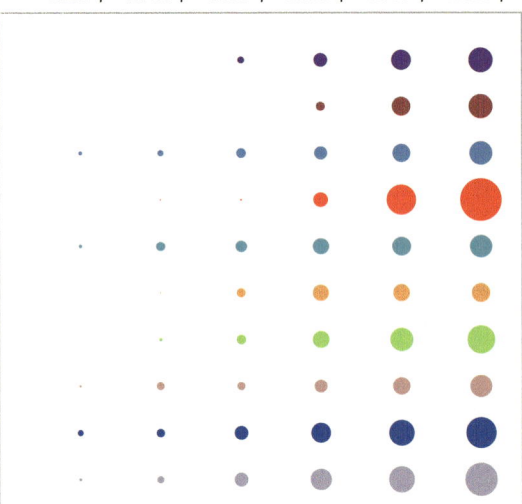

图 5.1 临床医学领域 Top10 热点前沿的施引论文

5.1.2 重点热点前沿——"人工智能与深度学习在眼科领域应用"

医学图像识别是目前以深度学习为核心的人工智能技术重要的研究和应用领域，涉及图像分类、检测、分割、检索、辅助诊断和治疗等方面。得益于眼科解剖结构特殊，诊断高度依赖影像检查，影像检查相对成本低、操作便捷且数据容易获取等特点，眼科诊疗成为深度学习医学热潮中前沿的领域，并在糖尿病视网膜病变、青光眼、白内障等多种眼科疾病中显示出良好的性能。糖尿病视网膜病变是致盲的重要原因，且诊断标准明确、分类体系成熟，因此，相较于其他眼科疾病，基于深度学习的人工智能技术目前在糖尿病视网膜病变的应用研究方面进展更为突出。

"人工智能与深度学习在眼科领域应用"热点前沿的 21 篇核心论文主要集中在基于深度学习的人工智能技术应用于糖尿病视网膜病变、黄斑变性等视网膜疾病的自动诊断与筛查（表 5.2）。其中，谷歌公司一研究团队于 2016 年 11 月发表在 *The Journal of the American Medical Association* 上的论文被引频次最多（1104 次），该研究将一种完善的深度学习算法应用于糖尿病视网膜病变的筛查，结果在 EyePACS、MESSIDOR 数据集上敏感度分别为 97.5% 和 96.1%，诊断准确率与眼科医生旗鼓相当。该研究还对深度学习算法应用于实际临床环境中的可行性和进一步验证思路进行了探讨和设想。在这之前，艾奥瓦大学的 Michael Abràmoff 等人发表在 *Investigative Ophthalmology & Visual Science* 上的研究指出，加入了深度学习算法的 IDx-DR X2.1 人工智能系统，可提高机器识别糖尿病视网膜病变的表现，昭示着深度学习作为新的工具在糖尿病视网膜病变识别中大有可为。经过长达 20 多年的持续研发和审批流程，2018 年 4 月，Abràmoff 等人研发的 IDx-DR 系统终获美国食品药品监督管理局（Food and Drug Administration，FDA）的批准，成为世界首款可用于基层医疗的糖尿病视网膜病变自主筛查人工智能诊断设备，这也是人工智能产品走向临床应用的里程碑。

人工智能与深度学习在眼科领域展现出良好的应用前景，但也面临着深度学习结果可解释性、高质量标注数据获取、多维度眼科数据集整合、审批监管标准、临床应用成本效益等问题与挑战。可释、可信的"后深度学习"及下一代人工智能技术，或将为人工智能医学应用带来新的发展机遇。

该热点前沿核心论文 Top 产出国家中，美国高居榜首，贡献了 76.2% 的核心论文，占据人工智能眼科应用研究的领先地位。中国在该前沿的研究已进入世界前列位置，仅次于美国，但与美国仍有一定差距。Top 产出机构中，斯坦福大学、哈佛大学、伦敦大学学院等世界知名大学和谷歌及其姐妹公司 Verily 榜上有名。香港中文大学也在推进人工智能眼科应用研究中有突出表现。

表 5.2 "人工智能与深度学习在眼科领域应用"研究前沿中核心论文 Top 产出国家和机构

排名	国家	施引论文/篇	比例/%	排名	机构	国家	施引论文/篇	比例/%
1	美国	16	76.2	1	斯坦福大学	美国	4	19.0
2	中国	7	33.3	1	哈佛大学	美国	4	19.0
3	德国	5	23.8	1	谷歌公司	美国	4	19.0
4	英国	4	19.0	1	香港中文大学	中国	4	19.0
5	荷兰	3	14.3	5	Verily 生命科学公司	美国	3	14.3
5	印度	3	14.3	5	伦敦大学学院	英国	3	14.3
5	奥地利	3	14.3	5	Moorsfields 眼科医院	英国	3	14.3
8	新加坡	2	9.5	5	约翰斯·霍普金斯大学	美国	3	14.3
8	法国	2	9.5	5	埃因霍温工业大学	荷兰	3	14.3
8	澳大利亚	2	9.5					

施引论文方面，美国表现最为突出，反映其在人工智能眼科应用领域已形成热潮。中国也呈现出良好发展态势，虽然与美国还有较大差距，但施引论文数量远超其他国家。施引论文 Top 产出机构以哈佛大学、斯坦福大学、中国科学院领先（表 5.3）。

表 5.3 "人工智能与深度学习在眼科领域应用"研究前沿中施引论文 Top 产出国家和机构

排名	国家	施引论文/篇	比例/%	排名	机构	国家	施引论文/篇	比例/%
1	美国	868	40.8	1	哈佛大学	美国	134	6.3
2	中国	506	23.8	2	斯坦福大学	美国	83	3.9
3	英国	215	10.1	3	中国科学院	中国	63	3.0
4	德国	165	7.8	4	伦敦大学学院	英国	50	2.4
5	韩国	121	5.7	5	中山大学	中国	42	2.0
6	澳大利亚	117	5.5	6	约翰斯·霍普金斯大学	美国	41	1.9
7	荷兰	100	4.7	7	布列根和妇女医院	美国	41	1.9
8	加拿大	99	4.7	8	新加坡国立大学	新加坡	38	1.8
9	日本	95	4.5	9	上海交通大学	中国	37	1.7
10	法国	86	4.0	10	加州大学旧金山分校	美国	35	1.6
				10	奈梅亨大学	荷兰	35	1.6

5.1.3 重点热点前沿——"阿尔茨海默病 tau 蛋白 PET 影像诊断"

AD 是一种起病隐匿的进行性致死性神经退行性疾病。早期发现、早期干预对减轻 AD 病情、延缓病程进展具有重要意义。随着分子影像学的发展，靶向 β 淀粉样蛋白和 tau 蛋白的正电子发射体层摄影（positron emission tomography，PET）术相继诞生，实现了 AD 两大病理特征淀粉样斑（β 淀粉样蛋白沉积）和神经元纤维缠结（过度磷酸化 tau 蛋白聚集）的活体无创可视化定量检测，有助于 AD 的早期诊断、病程监测和疗效评价。相对于淀粉样斑，神经元纤维缠结与认知损害和神经变性的相关度更高，因此以 tau 蛋白异常为靶点的 PET，对 AD 诊断和监测更具应用价值，越来越受关注。

"阿尔茨海默病 tau 蛋白 PET 影像诊断"热点前沿包括 42 篇核心论文，主要涉及利用 tau 蛋白 PET 研究 tau 蛋白分布部位及浓度与 AD 认知损害程度、神经病理改变、病程进展等的关系，以及其与 β 淀粉样蛋白之间的关联，进一步验证了 tau 蛋白异常和 AD 的发生发展密切相关，同时还证明 tau 蛋白 PET 结果作为阿尔茨海默病 tau 蛋白异常的评价指标是适合的（表 5.4）。也有多项关于 tau 蛋白 PET 新型放射性配体（如 18F-MK-6240、18F-flortaucipir、18F-THK5351、AV-1451 等）药代动力学、定量方法、显像特征等方面的研究，评价各放射性配体与 tau 蛋白结合的亲和性与特异性，以及临床应用价值与局限性。还有研究发现，AV-1451 与单胺氧化酶的亲和性和 tau 纤维相似，可能限制其临床实用性，而 18F-AV-1451 在基底神经节的非选择性结合与老龄化导致的铁离子沉积增加相关。

该热点前沿核心论文 Top 产出国家和机构中，美国贡献率最高，领先。其中，加州大学旧金山分校在 Top 产出机构中位列榜首，哈佛大学紧随其后，排名第 2。值得一提的是，韩国延世大学和日本东北大学表现亮眼。

表 5.4 "阿尔茨海默病 tau 蛋白 PET 影像诊断"研究前沿中核心论文的 Top 产出国家和机构

排名	国家	核心论文/篇	比例/%	排名	机构	国家	核心论文/篇	比例/%
1	美国	33	78.6	1	加州大学旧金山分校	美国	9	21.4
2	瑞典	7	16.7	2	哈佛大学	美国	8	19.0
2	荷兰	7	16.7	3	梅奥医学中心	美国	7	16.7
4	韩国	5	11.9	4	加州大学伯克利分校	美国	6	14.3
4	德国	5	11.9	5	延世大学	韩国	5	11.9
6	日本	4	9.5	5	劳伦斯伯克利国家实验室	美国	5	11.9
7	英国	3	7.1	5	亥姆霍兹联合会	德国	5	11.9
7	加拿大	3	7.1	5	布列根和妇女医院	美国	5	11.9
7	比利时	3	7.1	9	哥德堡大学	瑞典	4	9.5
7	澳大利亚	3	7.1	9	东北大学（日本）	日本	4	9.5

施引论文产出最多的国家也是美国（826 篇，占比 49.1%），说明其在该方向研究非常活跃。其他施引论文产出国家也均为发达国家，亚洲地区仅日本上榜。施引论文 Top 产出机构均分布于欧美地区，特别是美国有 6 家机构上榜，其中梅奥医学中心和哈佛大学位列前两名，是该领域研究热度最高的机构（表 5.5）。

表 5.5 "阿尔茨海默病 tau 蛋白 PET 影像诊断"研究前沿中施引论文的 Top 产出国家和机构

排名	国家	核心论文/篇	比例/%	排名	机构	国家	核心论文/篇	比例/%
1	美国	826	49.1	1	梅奥医学中心	美国	162	9.6
2	英国	262	15.6	2	哈佛大学	美国	159	9.4
3	德国	213	12.7	3	伦敦大学学院	英国	121	7.2
4	瑞典	154	9.2	4	加州大学旧金山分校	美国	119	7.1
5	意大利	151	9.0	5	亥姆霍兹联合会	德国	108	6.4
6	日本	135	8.0	6	加州大学伯克利分校	美国	79	4.7
7	加拿大	123	7.3	7	宾夕法尼亚大学	美国	77	4.6
8	荷兰	114	6.8	8	哥德堡大学	瑞典	76	4.5
9	法国	107	6.4	9	法国国家健康与医学研究所	法国	75	4.5
10	澳大利亚	101	6.0	10	圣路易斯华盛顿大学	美国	74	4.4

5.2 新兴前沿及重点新兴前沿解读

5.2.1 新兴前沿概述

临床医学领域 2020 年入选的 14 个新兴前沿主要涉及肿瘤防治、肠道微生物与疾病关系、口服多肽药物治疗糖尿病、乙肝病毒阳性供体器官移植管理四大领域（表 5.6）。其中，肿瘤防治领域包含 10 个新兴前沿，包括肿瘤靶向治疗方案优化、肿瘤免疫治疗新方法、人工智能+肿瘤影像、抗癌新药研发、靶向 BCMA 的 CAR-T 细胞疗法等方向。2020 年入选的重点新兴前沿"免疫联合疗法治疗肾细胞癌"是 2019 年新兴前沿"免疫检查点抑制剂联合用药治疗肾细胞癌的临床 1/2 期研究"的延续。

表 5.6 临床医学领域的 14 个新兴前沿

排名	新兴前沿	核心论文/篇	被引频次/次	核心论文平均出版年
1	口服 GLP-1RA 药索马鲁肽：2 型糖尿病治疗新选择	8	211	2019
2	不适合强化治疗的急性髓系白血病患者联合治疗方案	3	203	2019
3	循环肿瘤细胞参与肿瘤转移机制	4	142	2019
4	新生抗原疫苗免疫治疗胶质母细胞瘤	2	131	2019
5	PARP 抑制剂抗癌及联合免疫疗法抗癌	7	125	2019
6	免疫联合疗法治疗肾细胞癌	4	787	2018.8
7	依鲁替尼联合疗法治疗慢性淋巴细胞白血病	6	234	2018.8
8	肠道微生物与自身免疫性疾病关系	4	132	2018.8
9	靶向 BCMA 的多发性骨髓瘤 CAR-T 疗法	6	204	2018.7
10	转移性前列腺癌放疗效益	3	158	2018.7
11	噬菌体与炎性肠疾病关系	6	135	2018.7
12	深度学习识别皮肤肿瘤	9	297	2018.6
13	乙肝病毒阳性捐赠者器官移植	9	276	2018.6
14	卷积神经网络内窥镜实时识别胃肠道肿瘤	9	241	2018.6

5.2.2 重点新兴前沿——"免疫联合疗法治疗肾细胞癌"

肾细胞癌是最常见且恶性程度较高的成人肾癌类型，约占所有肾癌病例的 90%，以北美和欧洲发病率最高。过去 10 余年，肾细胞癌的治疗经历了非特异性免疫治疗、分子靶向治疗以及新型免疫治疗 3 次重大发展。近些年，以免疫检查点抑制剂（如 PD-1/PD-L1、CTLA-4）为代表的新型免疫疗法，在多个肿瘤的治疗中取得了前所未有的进展，也使得肾细胞癌的治疗前景发生显著变化。Opdivo、Keytruda、Tecentriq 等多种药物先后获批上市，用于不同类型肾细胞癌免疫治疗。然而，新型免疫疗法在肾细胞癌治疗临床应用中，仍存在仅对部分患者有效、高剂量不良反应、患者耐药、治疗费用昂贵等问题。为此，研究者提出免疫联合策略，并已显示出较好的疗效和安全性。目前的免疫联合研究主要集中于双重免疫检查点抑制剂、免疫检查点抑制剂联合靶向药物两种联合策略上。

"免疫联合疗法治疗肾细胞癌"重点新兴前沿包括4篇核心论文，均为关于PD-1/PD-L1抑制剂联合疗法对比舒尼替尼一线标准治疗的三期临床试验研究。四项研究都证实，免疫联合疗法疗效优于舒尼替尼治疗。免疫联合疗法正在冲击肾细胞癌的一线治疗。

尽管免疫联合疗法取得了可喜的疗效，初步数据令人鼓舞，潜力令人兴奋，并将成为肾细胞癌一线治疗的重要组成部分，但仍有很多问题亟待解决，如免疫联合用药加大免疫疗法复杂生物学效应、免疫相关不良反应事件管理、有效的疗效预测生物标志物发现等。

第6章 生物科学

6.1 热点前沿及重点热点前沿解读

6.1.1 生物科学领域Top10热点前沿发展态势

生物科学领域Top10热点前沿主要集中在神经系统疾病、肠道微生物与人体疾病、耐药菌、抑郁症、肿瘤相关基础研究、蛋白质靶向降解和碳酸酐酶抑制剂等方向（表6.1、图6.1）。

其中神经系统疾病是最大的前沿群，包括"星形胶质细胞与神经退行性疾病以及大脑衰老的关系""纳米粒介导的脑内药物传递系统"和"神经系统疾病中的淋巴通路"3个热点前沿。

耐药菌相关的2个前沿分别是"多药耐药auris假丝酵母菌的分子流行病学分析"和"多黏菌素耐药基因的鉴定和表达"。其中多黏菌素耐药基因相关前沿连续两年入选Top10热点前沿。2020年的蛋白质靶向降解相关前沿"小分子PROTACs对蛋白质的靶向降解"，是2019年热点前沿"诱导蛋白降解的小分子PROTACs"的延续。

肿瘤研究一直是历年来研究前沿的热门主题，每年都会涌现新的生长点，2020年肿瘤相关的热点前沿是"基于microRNA的肿瘤治疗"。

表6.1 生物科学领域Top10热点前沿

排名	热点前沿	核心论文/篇	被引频次/次	核心论文平均出版年
1	多药耐药auris假丝酵母菌的分子流行病学分析	41	2460	2017.6
2	星形胶质细胞与神经退行性疾病以及大脑衰老的关系	6	1501	2017.5
3	纳米粒介导的脑内药物传递系统	19	1431	2017.3
4	小分子PROTACs对蛋白质的靶向降解	45	4766	2017.2
5	多黏菌素耐药基因的鉴定和表达	9	2569	2017.2

33

续表

排名	热点前沿	核心论文/篇	被引频次/次	核心论文平均出版年
6	肠道微生物与自闭症	20	1542	2017.2
7	神经系统疾病中的淋巴通路	27	3868	2017.1
8	碳酸酐酶抑制剂	48	1645	2018.1
9	氯胺酮抗抑郁作用机制的研究	30	2380	2017.2
10	基于microRNA的肿瘤治疗	8	1587	2017

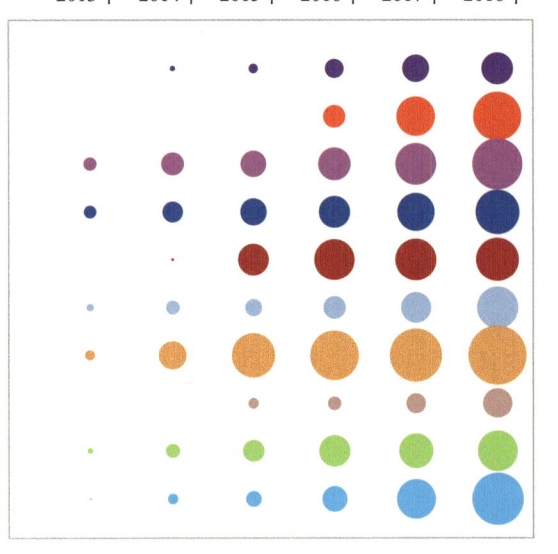

图 6.1　生物科学领域 Top10 热点前沿的施引论文

6.1.2　重点热点前沿——"星形胶质细胞与神经退行性疾病以及大脑衰老的关系"

长期以来，人们将治疗神经系统疾病、理解神经作用机制的焦点都集中在神经元上。然而近年来，人们越来越认识到神经胶质细胞（如小胶质细胞和星形胶质细胞）可能在驱动神经系统疾病（包括神经退行性疾病如阿尔茨海默病、帕金森病、脑外伤以及脊髓损伤等）及大脑衰老过程中起关键作用。

该热点前沿对小胶质细胞和星形胶质细胞的功能提出了新见解，加深了人们对衰老和老年疾病中神经元-神经胶质相互作用机制的理解。星形胶质细胞能够参与一系列人类神经变性疾病或大脑损伤的发生，比如，激活小胶质细胞后会释放三种关键的因子，从而起到推动神经毒性反应（杀死神经元）的星形胶质细胞的活化。小胶质细胞在衰老过程中促进星形胶质细胞活化。反应性星形胶质细胞失去了正常功能，产生补体成分，并释放一种杀死神经元和少突胶质细胞的毒性因子，星形胶质细胞对衰老反应基因表达的上调可导致正常衰老过程中易感脑区的认知功能下降，使老年脑更易受损伤。这些新见解为神经退行性疾病新疗法的开发提供了机会，具有非常重要的意义。

从核心论文的国家分布看，美国是最大的核心论文贡献国，其中斯坦福大学贡献最为突出，贡献的核心论文数量最多，同时论文的影响力也最大，其中一篇论文被引频次达到922次（表6.2）。

表6.2 "星形胶质细胞与神经退行性疾病以及大脑衰老的关系"研究前沿中核心论文的Top产出国家和机构

排名	国家	核心论文/篇	比例/%	排名	机构	国家	核心论文/篇	比例/%
1	美国	6	100.0	1	斯坦福大学	美国	4	66.7
2	英国	2	33.3	2	剑桥大学	英国	2	33.3
2	韩国	2	33.3	2	哈佛大学	美国	2	33.3
4	沙特阿拉伯	1	16.7	2	约翰斯·霍普金斯大学	美国	2	33.3
4	德国	1	16.7	2	艾德里安·海利斯·马尔文医学研究基金会	美国	2	33.3
4	澳大利亚	1	16.7					

美国在该前沿的施引论文产出方面占据绝对优势，不仅施引论文总数远远超过其他国家，而且在施引论文的Top机构中，就有6家机构来自美国。其中，哈佛大学贡献的施引论文是第2名的2倍，表明哈佛大学在该前沿做了更多的重要跟进研究工作（表6.3）。

表6.3 "星形胶质细胞与神经退行性疾病以及大脑衰老的关系"研究前沿中施引论文Top产出国家和机构

排名	国家	施引论文/篇	比例/%	排名	机构	国家	施引论文/篇	比例/%
1	美国	529	45.2	1	哈佛大学	美国	70	6.0
2	英国	145	12.4	2	亥姆霍兹联合会	德国	35	3.0
3	中国	137	11.7	3	斯坦福大学	美国	33	2.8
4	德国	115	9.8	4	法国国家健康与医学研究所	法国	33	2.8
5	意大利	70	6.0	5	美国国立卫生研究院	美国	31	2.6
6	加拿大	65	5.6	6	伦敦大学学院	英国	29	2.5
7	日本	60	5.1	7	圣路易斯华盛顿大学	美国	28	2.4
8	澳大利亚	55	4.7	8	约翰斯·霍普金斯大学	美国	28	2.4
9	法国	46	3.9	9	法国国家科学研究中心	法国	27	2.3
10	西班牙	43	3.7	10	麻省理工学院	美国	26	2.2

6.1.3 重点热点前沿——"小分子 PROTACs 对蛋白质的靶向降解"

靶向蛋白降解（targeted protein degradation，TPD）是继蛋白激酶抑制剂和单克隆抗体之后，药物研发领域又一新兴方向。传统的药物研发策略关注如何通过直接调控蛋白质或酶的活性来治疗疾病。然而，传统的小分子和抗体药物只能通过靶向结合来抑制靶蛋白酶活性，诱导癌细胞凋亡，肿瘤细胞内的靶蛋白常常会恢复其活性，并通过靶蛋白的过表达或靶蛋白的新突变而获得耐药性。传统小分子抑制剂的缺陷使得小分子药物日渐式微，小分子药物研发急需引入革命性的新技术。

蛋白质水解靶向嵌合体（proteolysis targeting chimeras，PROTACs）技术应运而生。PROTACs 利用小分子敲除功能性靶蛋白，而不是单纯地抑制靶蛋白的活性，将靶蛋白标记为降解蛋白，然后通过蛋白酶体促进降解信号，最终抑制肿瘤细胞增殖。PROTACs 技术成为靶蛋白降解模式转换的新方式，为小分子药物的研发开辟了新的途径。

该热点前沿共有 45 篇核心论文（表 6.4）。其中 13 篇是以 PROTACs 领域先驱——耶鲁大学教授 Craig Crews 为通讯作者的论文。PROTACs 技术可降解多种靶蛋白，包括转录因子、骨架蛋白、酶和调节蛋白。由于 PROTACs 诱导靶蛋白降解的高效性，这项技术已经引起从癌症到神经元疾病不同领域的众多科研人员的高度重视。

为了将基于 PROTACs 技术的蛋白降解剂推向临床，2013 年，Crews 教授成立了 Arvinas 公司。除 Arvinas 公司外，包括诺华在内的其他公司也有一些同类分子已经接近临床试验。

随着蛋白质靶向降解技术的巨大潜力的开发，最令人兴奋和最引人注目的地方，就在于其有机会将多种曾经药物不可作用的蛋白质组用于治疗，蛋白质靶向降解疗法的应用前景将是不可估量的！

在该热点前沿中，美国是核心论文的主要贡献国家，Top 机构中的 8 家来自美国。3 家公司（Arvinas 公司、诺华公司和赛尔基因公司）进入核心论文 Top 机构，也印证了 PROTACs 开始走向商业化的道路。

表 6.4 "小分子 PROTACs 对蛋白质的靶向降解"研究前沿中核心论文的 Top 产出国家和机构

排名	国家	核心论文 / 篇	比例 /%	排名	机构	国家	核心论文 / 篇	比例 /%
1	美国	37	82.2	1	耶鲁大学	美国	17	37.8
2	英国	10	22.2	2	哈佛大学	美国	12	26.7
3	奥地利	6	13.3	3	Arvinas 公司	美国	10	22.2
4	德国	4	8.9	4	丹纳-法伯癌症研究所	美国	9	20.0
5	中国	3	6.7	5	邓迪大学	英国	6	13.3
6	日本	2	4.4	6	诺华公司	美国	4	8.9

续表

排名	国家	核心论文/篇	比例/%	排名	机构	国家	核心论文/篇	比例/%
7	瑞士	1	2.2	6	麻省理工学院	美国	4	8.9
7	韩国	1	2.2	8	密歇根大学	美国	3	6.7
7	意大利	1	2.2	8	赛尔基因公司	美国	3	6.7
7	匈牙利	1	2.2	8	奥地利科学院	奥地利	3	6.7

从施引论文的国家分布来看，美国参与了838篇施引论文，是施引论文数量最多的国家。中国以215篇施引论文排名第2，表明中国在该前沿展开了较多的跟进研究。施引论文的Top产出机构中，美国机构占10所，占了绝对优势（表6.5）。

表6.5 "小分子PROTACs对蛋白质的靶向降解"研究前沿中施引论文的Top产出国家和机构

排名	国家	施引论文/篇	比例/%	排名	机构	国家	施引论文/篇	比例/%
1	美国	838	55.1	1	哈佛大学	美国	178	11.7
2	中国	215	14.1	2	丹纳-法伯癌症研究所	美国	127	8.3
3	英国	185	12.2	3	耶鲁大学	美国	57	3.7
4	德国	153	10.1	4	麻省理工学院	美国	48	3.2
5	日本	112	7.4	5	赛尔基因公司	美国	46	3.0
6	意大利	82	5.4	6	纪念斯隆凯特琳癌症中心	美国	43	2.8
7	法国	76	5.0	6	法国国家健康与医学研究所	法国	43	2.8
8	加拿大	60	3.9	6	霍华休斯医学研究中心	美国	43	2.8
9	瑞士	55	3.6	9	梅奥医学中心	美国	41	2.7
10	西班牙	51	3.4	10	美国得克萨斯大学安德森癌症中心	美国	40	2.6
				10	美国国立卫生研究院	美国	40	2.6

6.2 新兴前沿及重点新兴前沿解读

6.2.1 新兴前沿概述

生物科学领域有9项研究入选新兴前沿，主要研究主题包括神经系统疾病、肿瘤相关基础研究、肠道微生物与人体疾病、抑郁症以及基因编辑技术相关研究（表6.6）。

3个神经系统疾病相关的前沿分别是"单细胞RNA测序技术"、"血脑屏障破坏：人类认知功能障碍的早期生物标志物"和"阿尔茨海默病的遗传荟萃分析"。

3个肿瘤相关基础研究分别是"免疫检测点抑制剂激活T细胞的机制研究"、"病毒特异性记忆T细胞植入肿瘤"和"长链非编码RNA调控肿瘤形成研究"。

其他3个新兴前沿与肠道微生物与人体疾病、抑郁症和基因编辑技术相关，分别是"人类肠道微生物的新基因组"、"抑郁症的全基因组关联荟萃分析"和"基于 CRISPR 系统的单碱基基因编辑技术的脱靶效应"。

表 6.6 生物科学领域的 9 个新兴前沿

序号	新兴前沿	核心论文/篇	被引频次/次	核心论文平均出版年
1	单细胞 RNA 测序技术	6	254	2019
2	基于 CRISPR 系统的单碱基基因编辑技术的脱靶效应	7	188	2019
3	人类肠道微生物的新基因组	5	181	2019
4	抑郁症的全基因组关联荟萃分析	5	503	2018.8
5	免疫检测点抑制剂激活 T 细胞的机制研究	4	196	2018.8
6	血脑屏障破坏：人类认知功能障碍的早期生物标志物	4	187	2018.8
7	病毒特异性记忆 T 细胞植入肿瘤	6	222	2018.7
8	长链非编码 RNA 调控肿瘤形成研究	7	155	2018.7
9	阿尔茨海默病的遗传荟萃分析	3	143	2018.7

6.2.2 重点新兴前沿——"抑郁症的全基因组关联荟萃分析"

抑郁症是世界上最严重、最令人感到困惑的公共卫生问题之一。世界卫生组织称，抑郁症影响着全世界近 15% 的成年人，但仅有约一半的患者对药物和心理疗法等现有治疗手段反应良好。尽管付出了数十年的努力，但到目前为止学界对抑郁症的生物学机制仍认识不足。

弄清抑郁症的遗传基础非常困难。该新兴前沿通过全基因组关联荟萃分析研究发现抑郁症在一定程度上是由基因决定的。其中一篇核心论文发表在 *Nature Neuroscience* 期刊上，该研究鉴别出 44 种基因突变体，每种基因变体都会影响一个人患抑郁症的风险。其中，30 种基因突变体是首次被鉴别出来的。这项具有里程碑意义的研究朝着阐明抑郁症的基础生物学原理的目标迈出了一大步。新遗传变异体的发现为抑郁症新疗法的创新提供了可能。

第7章 化学与材料科学

7.1 热点前沿及重点热点前沿解读

7.1.1 化学与材料科学领域Top10热点前沿发展态势

2020年Top10热点前沿分布面广，与往年相比，既有延续又有发展。在有机合成方向，既有电化学促进的碳氢键活化，也有可形成碳碳、碳氮、碳氧键的氮杂环卡宾催化，还有手性不对称合成阻旋异构体（表7.1、图7.1）。其中，"电化学促进的碳氢键官能团化反应"连续两年入选。在光学材料方向，既有用于医学成像的荧光材料，也有室温磷光发光材料，后者是连续两年入选。"仿生肌肉水凝胶"是2019年热点前沿"分子机器"的延续，反映了其最新进展。气体分离和纯化是化工生产重要环节，2020年该方向有一项研究入选。此外，储能材料、电池材料、二维材料方向各有一项研究入选。

表7.1 化学与材料科学领域Top10热点前沿

排名	热点前沿	核心论文/篇	被引频次/次	核心论文平均出版年
1	无铅储能陶瓷	33	2130	2017.9
2	近红外二区荧光探针用于生物医学成像	35	3040	2017.8
3	对映选择性合成阻旋异构体	35	2412	2017.6
4	电化学促进的碳氢键官能团化反应	37	4868	2017.5
5	水系锌离子电池正极材料	39	4733	2017.5
6	有机室温磷光材料	44	3750	2017.5
7	石墨炔研究	25	2329	2017.3
8	氮杂环卡宾催化	19	3865	2016.9
9	仿生肌肉水凝胶	24	3379	2017
10	金属有机框架化合物用于气体分离和纯化	15	2273	2016.9

| | 2013年 | 2014年 | 2015年 | 2016年 | 2017年 | 2018年 |

- 无铅储能陶瓷
- 近红外二区荧光探针用于生物医学成像
- 对映选择性合成阻旋异构体
- 电化学促进的碳氢键官能团化反应
- 水系锌离子电池正极材料
- 有机室温磷光材料
- 石墨炔研究
- 氮杂环卡宾催化
- 仿生肌肉水凝胶
- 金属有机框架化合物用于气体分离和纯化

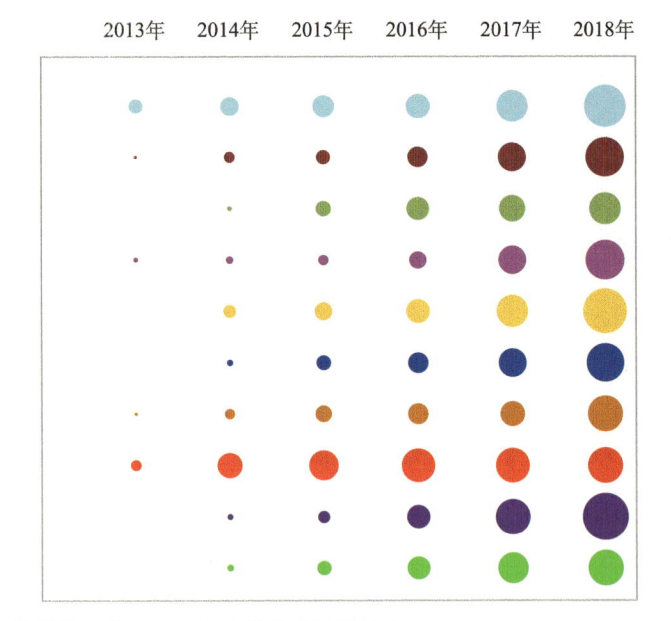

图 7.1　化学与材料科学领域 Top10 热点前沿的施引论文

7.1.2　重点热点前沿——"有机室温磷光材料"

磷光发射是处于单重激发态的分子，经系间窜越至三重激发态，再从三重激发态辐射跃迁至基态的过程。室温磷光材料通常是含贵金属的无机物或金属有机化合物，价格昂贵且对环境不友好。而纯有机化合物的磷光在很长一段时间内被限制在冷冻低温（−196.1℃）和惰性环境中。近年来，科研人员基于促进自旋轨道耦合、提高系间窜越效率和抑制三重态到基态的非辐射跃迁过程等基本原理，开发了多种有机室温磷光材料，最长磷光寿命已超过2秒。

中国、新加坡、美国、英国、日本等国科研人员在有机室温磷光材料领域做了很多重要工作，通过引入溴/碘等重原子、引入芳香碳基、形成晶体、嵌入聚合物内、主客体作用、形成氢键、形成卤键、形成 H 型聚集体等具体方法，合成了多种有机室温磷光材料（表 7.2）。其中，西北工业大学黄维（曾在南京工业大学工作）、香港科技大学唐本忠等人的工作较为突出。

表 7.2　"有机室温磷光材料"研究前沿中核心论文的 Top 产出国家和机构

排名	国家	核心论文/篇	比例/%	排名	机构	国家	核心论文/篇	比例/%
1	中国	40	90.9	1	中国科学院	中国	16	36.4
2	新加坡	7	15.9	2	南京工业大学	中国	11	25.0
3	美国	2	4.5	3	西北工业大学	中国	7	15.9
3	英国	2	4.5	4	清华大学	中国	6	13.6

续表

排名	国家	核心论文/篇	比例/%	排名	机构	国家	核心论文/篇	比例/%
3	日本	2	4.5	4	香港科技大学	中国	6	13.6
6	意大利	1	2.3	6	中山大学	中国	5	11.4
				6	南京邮电大学	中国	5	11.4
				8	华南理工大学	中国	4	9.1
				8	新加坡国立大学	新加坡	4	9.1
				10	南洋理工大学	新加坡	3	6.8
				10	哈尔滨工业大学	中国	3	6.8
				10	华东理工大学	中国	3	6.8
				10	重庆大学	中国	3	6.8
				10	北京师范大学	中国	3	6.8

中国、美国、日本等国的科研人员正在积极开展有机室温磷光材料设计和应用研究（表 7.3）。一方面，有机室温磷光材料在朝着超长磷光寿命、高量子产率、液体、手性等方向发展；另一方面，有机室温磷光材料在光电、传感、生物成像、信息加密、防伪等领域的应用正被积极探索。

表 7.3 "有机室温磷光材料"研究前沿中施引论文的 Top 产出国家和机构

排名	国家	施引论文/篇	比例/%	排名	机构	国家	施引论文/篇	比例/%
1	中国	939	71.3	1	中国科学院	中国	184	14.0
2	美国	107	8.1	2	南京工业大学	中国	78	5.9
3	日本	99	7.5	2	吉林大学	中国	78	5.9
4	印度	79	6.0	4	南京邮电大学	中国	56	4.3
5	新加坡	45	3.4	5	北京化工大学	中国	49	3.7
6	英国	43	3.3	6	华南理工大学	中国	46	3.5
7	德国	29	2.2	6	西北工业大学	中国	46	3.5
8	意大利	29	2.2	6	香港科技大学	中国	46	3.5
9	韩国	25	1.9	9	北京师范大学	中国	45	3.4
10	西班牙	24	1.8	10	天津大学	中国	42	3.2

7.1.3 重点热点前沿——"氮杂环卡宾催化"

氮杂环卡宾是一类重要的有机小分子催化剂，在有机合成化学中有着广泛应用。氮杂环卡宾催化的一个重要特点是可以改变醛的反应极性。在反应中，氮杂环卡宾与醛结合，经质子转移，形成 Breslow 中间体。该中间体具有亲核性，等同酰基负离子，使醛的反应极性由亲电性转为亲核性，进而发生亲核反应。

该热点前沿对应的核心论文总结了氮杂环卡宾在安息香缩合、Stetter 反应等反应类型中的应用进展,以及分别与路易斯酸、布朗斯特酸、布朗斯特碱、氢键供体、过渡金属等共催化的研究进展。德国明斯特大学的 Frank Glorius、亚琛工业大学的 Dieter Enders 等人在氮杂环卡宾催化领域做出了重要贡献。

在施引论文方面,一方面,德国、美国等国家继续在该领域保持优势;另一方面,中国近年在该领域开展了大量研究,发表论文数量显著增加,中国科学院等机构研究成果比较突出(表 7.4)。

表 7.4 "氮杂环卡宾催化"研究前沿中施引论文的 Top 产出国家和机构

排名	国家	施引论文/篇	比例/%	排名	机构	国家	施引论文/篇	比例/%
1	中国	730	31.5	1	中国科学院	中国	160	6.9
2	德国	387	16.7	2	法国国家科学研究中心	法国	120	5.2
3	美国	261	11.3	3	明斯特大学	德国	73	3.1
4	印度	207	8.9	4	印度科学与工业研究理事会(Council of Scientific & Industrial Research,CSIR)	印度	57	2.5
5	法国	129	5.6	5	南洋理工大学	新加坡	55	2.4
6	日本	117	5.0	6	郑州大学	中国	51	2.2
7	西班牙	108	4.7	7	印度理工学院	印度	46	2.0
7	英国	108	4.7	8	贵州大学	中国	43	1.9
9	意大利	84	3.6	9	亚琛工业大学	德国	42	1.8
10	新加坡	79	3.4	10	清华大学	中国	39	1.7

7.2 新兴前沿及重点新兴前沿解读

7.2.1 新兴前沿概述

在化学与材料科学领域共有 6 项研究入选新兴前沿,主要涉及催化剂的制备和应用、电池、纳米生物材料、生物降解材料、化学工艺和废水处理等领域(表 7.5)。与 2014~2019 年新兴前沿相比,2020 年的新兴前沿既有延续性主题,同时还出现了一些新的研究方向。催化剂的制备和应用频频出现在化学与材料领域的热点和新兴前沿,尤其是电解水制氢催化剂的相关研究,曾出现在 2015 年(MoS_2 薄膜电解水催化剂和非贵金属电解水催化剂)、2016 年(非贵金属电解水纳米催化剂)、2017 年(非贵金属双功能电解水催化剂)、2018 年(过渡金属纳米阵列在中性环境下电解水催化剂)的热点和新兴前沿方向。由此可见,非贵金属电解水催化剂一直是化学与材料科学领域的研究主题,研究方向由最初的非贵金属硫化物发展为利用非贵金属纳米阵列,再发展为 2020 年的非贵金属-过渡金属磷化物电解水催化剂。

电池研究也一直是化学与材料领域的重要主题之一。2014~2019 年的研究前沿主要针对聚合物太阳能电池、钙钛矿太阳能电池、锂电池、钠电池等研究方向展开，2020年的研究方向转移到锌空气电池领域，且在本年的化学与材料科学领域的热点前沿方向上出现，主要聚焦于水系锌离子电池正极材料的研究。

纳米生物材料领域，利用聚合物纳米粒子的聚集诱导发光特性进行细胞光声成像曾在2015年热点前沿出现，主要聚焦于聚集诱导发光化合物的合成、性质及在细胞光声成像领域的应用探索，2020年，研究主题则全部转移到其在细胞光声成像领域的应用上来。2020年有3个全新的新兴前沿研究方向出现，包括可生物降解的传感器材料在生物医学领域的应用、等离子体用于废水处理、三元共沸物萃取精馏工艺等。

表7.5 化学与材料科学领域的6个新兴前沿

序号	新兴前沿	核心论文/篇	被引频次/次	核心论文平均出版年
1	过渡金属磷化物作为电催化剂用于析氢反应	9	213	2019
2	具有聚集诱导发射特性的纳米粒子用于细胞光声成像	7	231	2018.9
3	可生物降解的传感器材料在生物医学领域的应用	6	211	2018.8
4	三元共沸物萃取精馏工艺	9	243	2018.7
5	等离子体用于废水处理	18	571	2018.6
6	可充电的锌空气电池	9	379	2018.6

7.2.2 重点新兴前沿——"过渡金属磷化物作为电催化剂用于析氢反应"

氢能是一种友好、资源广泛的替代化石燃料的能源，采用电化学析氢的方式制备氢气是目前获取高纯度氢气的主要方法。Pt基催化剂是最高效的析氢反应催化剂之一，但其昂贵的价格等因素限制了其大规模的应用。过渡金属磷化物是继过渡金属碳化物和过渡金属硫化物之后出现的一类新型非贵金属催化材料，价格低廉，具有特殊的能带结构、较好的电解水催化析氢活性和电化学稳定性，近年来成为电化学和催化材料领域的研究重点。常见过渡金属磷化物催化剂包括 NiP、Ni_5P_4、CoP、FeP、CuP、MoP 和 WP 等。目前提高过渡金属磷化物催化活性的主要途径有异质原子掺杂、空位缺陷工程、相结构调控、异质结构构建和杂化体系构建、多元活性组分复合等。较多研究围绕特定pH环境下催化剂的催化活性和稳定性的提高，部分研究将视线聚焦在了全pH环境下高效稳定催化剂的制备方法上。

第 8 章 物理学

8.1 热点前沿及重点热点前沿解读

8.1.1 物理学领域 Top10 热点前沿发展态势

物理学领域 Top10 热点前沿主要集中于凝聚态物理、高能物理、量子物理、理论物理和光学领域,其中,有 8 个热点前沿是 2020 年新出现的(表 8.1、图 8.1)。凝聚态物理方面,转角双层石墨烯、非厄米系统的拓扑态、高阶拓扑绝缘体和高阶拓扑超导体、二维范德瓦尔斯磁性材料成为新的研究前沿。高能物理方面,暗物质的直接探测成为新的热点前沿,四夸克和五夸克态奇特强子则连续 4 年保持为热点前沿,2020 年聚焦在隐粲五夸克态的研究。量子物理方面,机器学习在量子多体物理中的应用、硅基自旋量子比特成为新的热点前沿。理论物理方面,黑洞和量子场论中的复杂度研究从 2018 年的新兴前沿发展成为 2020 年的热点前沿。光学方面,新型深紫外非线性光学晶体材料依然是 2020 年的热点前沿。

表 8.1 物理学领域 Top10 热点前沿

排名	热点前沿	核心论文/篇	被引频次/次	核心论文平均出版年
1	转角双层石墨烯的特性研究	39	2545	2018.4
2	非厄米系统的拓扑态研究	46	2404	2018.4
3	高阶拓扑绝缘体和高阶拓扑超导体	39	2468	2018.2
4	二维范德瓦尔斯磁性材料的特性研究	24	3335	2017.7
5	黑洞和量子场论中的复杂度研究	43	2568	2017.7
6	机器学习在量子多体物理中的应用	21	1891	2017.2
7	新型深紫外非线性光学晶体材料的合成和性质研究	32	3094	2017.1

续表

排名	热点前沿	核心论文/篇	被引频次/次	核心论文平均出版年
8	隐粲五夸克态的实验和理论研究	45	4193	2017
9	暗物质的直接探测	5	2142	2017
10	硅基自旋量子比特研究	26	2665	2016.8

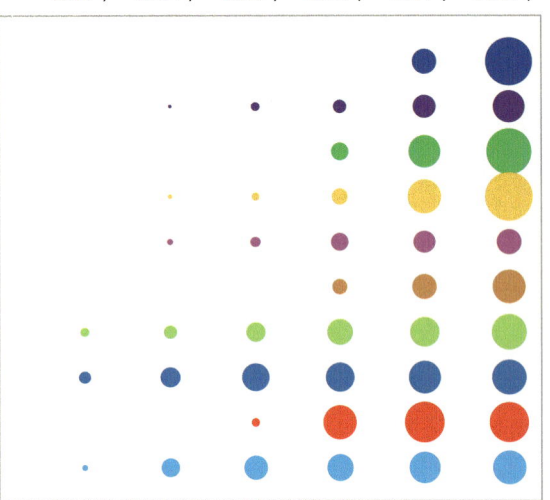

图 8.1　物理学领域 Top10 热点前沿的施引论文

8.1.2 重点热点前沿——"转角双层石墨烯的特性研究"

二维材料是指有一个维度只有一个或几个原子厚度的材料。2004年石墨烯的发现，打开了二维材料新奇物性研究的大门。随着研究的深入，过渡金属硫化物、黑磷等新型二维材料不断被发现。许多二维材料的母体材料是层状材料，依靠层间范德瓦尔斯相互作用堆积而成，因此被称为二维范德瓦尔斯材料。二维范德瓦尔斯材料的光学和电学等特性获得了广泛的研究，但其磁性的研究面临了一些挑战。2017年，研究人员在双层 $Cr_2Ge_2Te_6$ 和单层 CrI_3 中发现了本征磁性的存在，引发了研究热潮，这也导致了热点前沿"二维范德瓦尔斯磁性材料的特性研究"的出现。

此外，不同的单层二维材料按需堆叠在一起，可以形成多种多样的双层或多层范德瓦尔斯异质结，如石墨烯异质结和过渡金属硫化物异质结，这些异质结具有单层二维材料所不具备的新奇物性，也成了重要的研究热点。如果石墨烯异质结里的所有组成单元都是石墨烯，改变石墨烯层间的旋转角可得到不同性质的石墨烯，这类双层石墨烯被称为转角双层石墨烯。

2018年，美国麻省理工学院等研究发现，两层石墨烯以1.1°的"魔角"扭曲在一起时会形成莫特绝缘态和实现非常规超导电性，为超导研究带来了新思路，并引发了科学家对转角石墨烯体系的新奇电子态和超导电性的巨大关注，快速成为凝聚态物理学的新研究热点。2020年，转角双层石墨烯研究获得了巴克利奖（凝聚态物理最高奖）和沃尔夫物理学奖。

在这个热点前沿中，美国表现最活跃（表8.2），参与了39篇核心论文中的29篇。中国、日本、德国等也有不错的表现。参与核心论文最多的机构是美国的麻省理工学院，美国哈佛大学、日本国立材料科学研究所、德国柏林自由大学、中国科学院紧随其后。这些机构中，来自美国的有5所，日本、德国、中国各有2所。从影响力看，麻省理工学院等发现"魔角"石墨烯的这篇论文，其被引频次达到937次，远远超过其他核心论文。

表8.2 "转角双层石墨烯的特性研究"研究前沿中核心论文的Top产出国家和机构

排名	国家	核心论文/篇	比例/%	排名	机构	国家	核心论文/篇	比例/%
1	美国	29	74.4	1	麻省理工学院	美国	11	28.2
2	中国	11	28.2	2	哈佛大学	美国	8	20.5
3	日本	10	25.6	3	日本国立材料科学研究所	日本	7	17.9
4	德国	6	15.4	4	柏林自由大学	德国	4	10.3
5	英国	2	5.1	4	中国科学院	中国	4	10.3
5	西班牙	2	5.1	6	美国能源部	美国	3	7.7
5	韩国	2	5.1	6	加州大学圣芭芭拉分校	美国	3	7.7
8	瑞典	1	2.6	6	大阪大学	日本	3	7.7
8	加拿大	1	2.6	6	马克思·普朗克科学促进学会	德国	3	7.7
				6	香港科技大学	中国	3	7.7
				6	佛罗里达州立大学	美国	3	7.7

分析热点前沿施引论文的国家和机构（表8.3），可以发现，美国在发现"魔角"石墨烯之后开展了持续的研究，中国则在该前沿迅速跟进。美国和中国的表现远超其他国家。施引论文总量Top机构中，中国科学院和日本国立材料科学研究所的施引论文最多，随后是美国能源部、麻省理工学院和哈佛大学。

表8.3 "转角双层石墨烯的特性研究"研究前沿中施引论文的Top产出国家和机构

排名	国家	施引论文/篇	比例/%	排名	机构	国家	施引论文/篇	比例/%
1	美国	295	38.8	1	中国科学院	中国	77	10.1
2	中国	275	36.2	2	日本国立材料科学研究所	日本	51	6.7
3	日本	84	11.1	3	美国能源部	美国	48	6.3
4	德国	77	10.1	4	麻省理工学院	美国	34	4.5
5	韩国	51	6.7	5	哈佛大学	美国	30	3.9

续表

排名	国家	施引论文/篇	比例/%	排名	机构	国家	施引论文/篇	比例/%
6	英国	38	5.0	6	法国国家科学研究中心	法国	27	3.6
7	法国	33	4.3	7	清华大学	中国	22	2.9
7	俄罗斯	33	4.3	8	新加坡国立大学	新加坡	19	2.5
9	西班牙	29	3.8	8	马克斯·普朗克科学促进学会	德国	19	2.5
10	瑞士	27	3.6	10	俄罗斯科学院	俄罗斯	18	2.4

8.1.3 重点热点前沿——"暗物质的直接探测"

天文学和宇宙学的观测证据表明，宇宙的主要成分是暗物质和暗能量，但我们对它们的本质了解甚少。目前，暗物质的实验探测是物理学的研究热点。暗物质的探测方法有三种：直接探测、间接探测，以及通过加速器创造出暗物质粒子。其中，直接探测暗物质实验是指直接探测暗物质粒子和原子核碰撞所产生的信号。目前较为流行的暗物质粒子候选者是大质量弱相互作用粒子（weakly interacting massive particle，WIMP），很多直接探测实验采用了不同的探测器来搜寻 WIMP。尽管近年来大部分实验都没发现有希望的信号，但有一些实验还是取得了不错的成果。

在这个热点前沿中，核心论文只有 5 篇，但每篇论文的影响力都很大。这 5 项成果分别来自 3 个都采用液氙探测技术的暗物质直接探测实验：美国的大型地下氙探测器（LUX）实验（被引频次为 836 次）、中国的"熊猫计划"第二期（PandaX-II）实验（被引频次分别为 369 次和 387 次），以及意大利的 XENON1T 实验（被引频次分别为 420 次和 484 次）。这 5 个成果都刷新了当时对暗物质粒子性质限制的纪录，达到了当时世界上暗物质直接探测实验的最高灵敏度。目前，LUX、"熊猫计划"等实验正在进行新一轮的升级，以进一步提高搜寻暗物质的灵敏度。

分析施引论文的国家和机构（表 8.4），可以发现，美国是表现最活跃的国家。德国、中国、英国紧随其后。施引论文总量 Top 机构中，美国能源部和法国国家科学研究中心的施引论文最多，随后是芝加哥大学、中国科学院、西班牙国家研究委员会和意大利国家核物理研究院。

表 8.4 "暗物质的直接探测"研究前沿中施引论文的 Top 产出国家和机构

排名	国家	施引论文/篇	比例/%	排名	机构	国家	施引论文/篇	比例/%
1	美国	436	37.4	1	美国能源部	美国	144	12.4
2	德国	226	19.4	2	法国国家科学研究中心	法国	122	10.5
3	中国	200	17.2	3	芝加哥大学	美国	98	8.4

续表

排名	国家	施引论文/篇	比例/%	排名	机构	国家	施引论文/篇	比例/%
4	英国	172	14.8	3	中国科学院	中国	98	8.4
5	印度	147	12.6	5	西班牙国家研究委员会	西班牙	96	8.2
6	法国	132	11.3	6	意大利国家核物理研究院	意大利	91	7.8
7	韩国	130	11.2	7	亥姆霍兹联合会	德国	80	6.9
8	西班牙	111	9.5	8	马克斯·普朗克科学促进学会	德国	74	6.4
9	日本	108	9.3	9	巴黎-萨克雷大学	法国	70	6.0
10	意大利	106	9.1	10	印度理工学院	印度	65	5.6

8.2 新兴前沿及重点新兴前沿解读

8.2.1 新兴前沿概述

物理学领域有2项研究入选新兴前沿，一个聚焦理论物理研究，即"Gauss-Bonnet引力下的黑洞自发标量研究"，另一个聚焦凝聚态物理研究，即"二维范德瓦尔斯异质结的莫尔超晶格研究"（表8.5）。

表8.5 物理学领域的2个新兴前沿

序号	新兴前沿	核心论文/篇	被引频次/次	核心论文平均出版年
1	Gauss-Bonnet引力下的黑洞自发标量研究	15	444	2018.7
2	二维范德瓦尔斯异质结的莫尔超晶格研究	8	267	2018.6

8.2.2 重点新兴前沿——"二维范德瓦尔斯异质结的莫尔超晶格研究"

二维范德瓦尔斯异质结是指二维材料按需堆叠在一起形成的由范德瓦尔斯力维系的双层或多层人工结构，为实现高性能的电子器件和光电器件提供了许多可能性。在转角双层石墨烯的非常规超导电性被发现后，调控范德瓦尔斯异质结的层间转角产生的新奇电子现象成为研究热点。两层二维材料会因晶格失配或扭转角，导致不同的莫尔超晶格。莫尔超晶格会引起结构和能带改变，从而导致一些新现象，包括莫尔激子、莫尔声子、非常规超导等，为开发二维材料新性质提供了新的思路。这个新兴前沿主要聚焦过渡金属硫化物异质结的莫尔超晶格，其引起的能带结构变化导致了特殊的光学性质。过渡金属硫化物异质结研究主要集中在MoS_2、$MoSe_2$、WS_2和WSe_2的双层和异质双层上。

第9章 天文学与天体物理学

9.1 热点前沿及重点热点前沿解读

9.1.1 天文学与天体物理学领域 Top10 热点前沿发展态势

天文学与天体物理学领域 Top10 热点前沿继续紧密围绕"一黑两暗三起源"重大科学问题展开，引力波相关研究依然引人瞩目（表 9.1、图 9.1）。在这 10 个热点前沿中，4 个热点前沿涉及引力波观测与理论研究以及与之相关的黑洞和中子星性质研究，分别是：原始黑洞观测及其与暗物质的关系、双黑洞系统及并合机制、对双中子星并合引力波事件 GW170817 的多信使观测，以及基于 GW170817 事件观测约束中子星性质。另外 6 个热点前沿分别是"盖亚"（Gaia）空间望远镜对银河系的精确测绘、备受关注且神秘的快速射电暴事件、揭示行星系统形成机制的原行星盘观测研究、哈勃常数测量、银心伽马射线超出现象以及"罗塞塔"（Rosetta）彗星探测器的重要发现等。

表 9.1 天文学与天体物理学领域 Top10 热点前沿

排名	热点前沿	核心论文/篇	被引频次/次	核心论文平均出版年
1	"盖亚"测绘最精确银河系三维地图	27	5 804	2018
2	原始黑洞观测及其与暗物质的关系	30	2 216	2017.7
3	双黑洞系统及并合机制	35	2 754	2017.4
4	对双中子星并合引力波事件 GW170817 的多信使观测	48	15 751	2017.3
5	基于 GW170817 事件观测约束中子星性质	50	5 815	2017.3
6	快速射电暴观测	30	3 040	2017.2
7	原行星盘观测揭示行星系统形成机制	20	1 995	2016.8

续表

排名	热点前沿	核心论文/篇	被引频次/次	核心论文平均出版年
8	通过多种方法测量哈勃常数	14	4 089	2016.5
9	银心伽马射线超出现象及其与暗物质的关系	43	6 550	2015.5
10	"罗塞塔"对彗星67P形态变化、物质构成等的观测发现	18	2 752	2015.4

- "盖亚"测绘最精确银河系三维地图
- 原始黑洞观测及其与暗物质的关系
- 双黑洞系统及并合机制
- 对双中子星并合引力波事件GW170817的多信使观测
- 基于GW170817事件观测约束中子星性质
- 快速射电暴观测
- 原行星盘观测揭示行星系统形成机制
- 通过多种方法测量哈勃常数
- 银心伽马射线超出现象及其与暗物质的关系
- "罗塞塔"对彗星67P形态变化、物质构成等的观测发现

图 9.1　天文学与天体物理学领域 Top10 热点前沿的施引论文

9.1.2 重点热点前沿——"'盖亚'测绘最精确银河系三维地图"

当前我们对银河系家园的认识仍不充分，一大挑战就是地球在银河系中的位置导致难以对银河系开展精确观测。对于人类来说，我们生活的这颗星球——地球是独一无二的。然而事实上，地球只是环绕着构成银河系的大约2500亿颗恒星运行的数千亿颗行星中的一个。人们用几个世纪的时间才发现，银河系呈螺旋结构，地球距银河系中心约2.6万光年，靠近银河系的一个旋臂。而地球在银河系中的位置对精确观测银河系造成困难，就像身处在森林中的一棵树上，难以观测整座森林。

由欧洲空间局（European Space Agency，ESA）领导、2013年发射的"盖亚"空间望远镜旨在对银河系开展精确观测，通过对超过10亿颗恒星的巡天观测完成规模最大、最精确的银河系三维地图，为揭示银河系的结构、起源和演化提供重要工具。"盖亚"将对每颗目标恒星进行70次左右的监测，精确地记录其位置、距离、运动和亮度的变化情况。凭借强大的观测能力，"盖亚"还有望发现其他恒星周围的行星、太阳系中的小行星、外太阳

系的冰冻天体、褐矮星以及遥远的超新星和类星体。"盖亚"的任务范围和科学回报独一无二,其观测数据将汇编成巨大的信息数据库,天文学家可以在档案中搜寻类似的天体,或者为解决特殊、艰巨的科学难题提供必要线索的事件和其他关联关系。

2016年,"盖亚"的第一批观测数据集正式发布,包括对200万颗恒星的距离和速度的精确测量数据。2018年,"盖亚"发布第二批观测数据集,绘制出最新银河系地图,包括对近17亿颗恒星位置的高精度测量结果,以及对1.4万余颗已知小行星的位置测量结果等。欧洲空间局科学部主任称,"盖亚"数据集正在重新定义天文学的基础,将为天文学提供广泛的研究主题,催生重大科学发现。"盖亚"任务设计寿命为5年,目前已进入延期运行阶段,有望运行至2022年底。"盖亚"最终版数据集将成为最权威的恒星编目,在广泛的天文学研究领域发挥核心作用。2018年12月,"盖亚"任务数据处理和分析团队负责人Anthony Brown被Nature网站评选为年度最有影响力的十大人物之一。

热点前沿"'盖亚'测绘最精确银河系三维地图"围绕"盖亚"科学任务、两次发布观测数据集及基于数据集开展的科学研究发现展开(表9.2)。

欧洲空间局作为任务领导机构,其成员国表现极为突出。在核心论文Top国家中,除美国、智利不是欧洲空间局成员国,斯洛文尼亚为欧洲空间局准成员国,其他8个国家均为欧洲空间局成员国。Top机构全部来自欧洲空间局成员国。由于多数核心论文都是多国合作成果,参与国家和机构众多,因此Top产出国家和机构参与核心论文数量差异不大。

表9.2 "'盖亚'测绘最精确银河系三维地图"研究前沿中核心论文的Top产出国家和机构

排名	国家	核心论文/篇	比例/%	排名	机构	国家	核心论文/篇	比例/%
1	德国	18	66.7	1	法国国家科学研究中心	法国	18	66.7
1	法国	18	66.7	2	马克思·普朗克科学促进学会	德国	16	59.3
3	西班牙	17	63.0	3	巴黎文理研究大学	法国	15	55.6
4	英国	16	59.3	3	巴黎天文台	法国	15	55.6
4	意大利	16	59.3	3	意大利国家天体物理研究所	意大利	15	55.6
6	瑞士	13	48.1	6	波尔多大学	法国	14	51.9
7	美国	12	44.4	7	巴黎大学	法国	13	48.1
7	荷兰	12	44.4	7	日内瓦大学	瑞士	13	48.1
9	瑞典	10	37.0	7	巴塞罗那大学	西班牙	13	48.1
10	斯洛文尼亚	9	33.3	10	帕多瓦大学	意大利	12	44.4
10	智利	9	33.3	10	索邦大学	法国	12	44.4
				10	蔚蓝海岸天文台	法国	12	44.4
				10	加泰罗尼亚空间研究所	西班牙	12	44.4

"盖亚"丰富的数据信息，为天文学家进一步研究提供了大量课题，吸引了来自世界各国的天文学家。在施引论文方面，美国取得领先，产出了超过一半的施引论文，施引论文 Top 产出机构中美国机构占了一半。中国在该前沿也迅速跟进，施引论文数量跻身 Top，排名第 9。中国科学院名列施引论文产出机构第 11（表 9.3）。

表 9.3 "'盖亚'测绘最精确银河系三维地图"研究前沿中施引论文的 Top 产出国家和机构

排名	国家	施引论文/篇	比例/%	排名	机构	国家	施引论文/篇	比例/%
1	美国	1586	54.4	1	法国国家科学研究中心	法国	579	19.9
2	德国	931	32.0	2	马克思·普朗克科学促进学会	德国	441	15.1
3	英国	909	31.2	3	意大利国家天体物理研究所	意大利	434	14.9
4	法国	621	21.3	4	美国国家航空航天局	美国	297	10.2
5	智利	544	18.7	5	加州理工学院	美国	291	10.0
6	西班牙	536	18.4	6	史密森学会	美国	278	9.5
7	意大利	531	18.2	7	剑桥大学	英国	273	9.4
8	澳大利亚	383	13.1	8	哈佛大学	美国	262	9.0
9	中国	358	12.3	9	大学天文研究协会	美国	249	8.5
10	荷兰	340	11.7	10	加纳利天体物理研究所	西班牙	236	8.1
				11	中国科学院	中国	230	7.9

9.1.3 重点热点前沿——"快速射电暴观测"

快速射电暴（fast radio burst，FRB）是近十余年发现的一种在射电波段短暂出现的高能天体物理爆发现象，持续时间通常只有几毫秒，流量密度可以达到央斯基量级。2007 年，科学家从澳大利亚帕克斯（Parkes）射电望远镜的历史存档数据中发现了第一个快速射电暴事件 FRB010724。此后在 2012~2013 年又陆续发现数次快速射电暴事件，标志着快速射电暴正式成为高能天体物理学和时域天文学领域的重要新方向。

自 2007 年发现首个快速射电暴事件以来，科学家已经编目记录了来自银河系外散布的遥远辐射源的 100 多次快速射电暴事件。多数情况下，这些事件都是一次性的，在短暂的爆发后完全消失。少数情况下，则可以多次观测到来自同一辐射源的快速射电暴。重复发生的快速射电暴（简称重复暴）让科学家意识到不能简单地以灾难性事件来解释快速射电暴的成因，同时重复暴更利于通过多次观测来精确定位其辐射源。2016 年，科学家发现了首个重复暴 FRB121102，引发极大关注。此后又陆续发现多个重复暴，但没有表现出明显的重复模式。2020 年，科学家基于"加拿大氢强度测绘实验"（Canadian Hydrogen Intensity Mapping Experiment，CHIME）望远镜观测，发现了首个周期性快速射电暴源 FRB180916.J0158+65。在 500 余天的观测中持续出现为期16天的快速射电暴模式,在4天爆发期中随机发出射电波,随后12天处于射电沉默状态。快速射电暴的成因仍是天体物理学领域的难解谜题,科学家们猜测的可能来源包括中子星等单一致密天体、两个致密天体形成的双星系统、围绕中心恒星旋转的辐射源以及磁星等。

热点前沿"快速射电暴观测"包括30篇核心论文,内容涉及对单次以及重复发生的快速射电暴事件的观测发现、性质研究以及对其宿主星系的定位等(表9.4)。

美国阿雷西博天文台(Arecibo Observatory)、英国曼彻斯特大学卓瑞尔河岸天文台(Jodrell Bank Observatory)、澳大利亚帕克斯天文台(Parkes Observatory)、加拿大CHIME望远镜等作为快速射电暴事件的重要观测平台,相关国家和研究机构都在核心论文和施引论文的产出中表现良好。

表9.4 "快速射电暴观测"研究前沿中核心论文的Top产出国家和机构

排名	国家	核心论文/篇	比例/%	排名	机构	国家	核心论文/篇	比例/%
1	美国	25	83.3	1	马克思·普朗克科学促进学会	德国	16	53.3
2	德国	16	53.3	2	美国国家射电天文台	美国	13	43.3
3	荷兰	15	50.0	3	西弗吉尼亚大学	美国	12	40.0
4	英国	13	43.3	3	联邦科学与工业研究组织	澳大利亚	12	40.0
5	加拿大	12	40.0	5	曼彻斯特大学	英国	11	36.7
5	澳大利亚	12	40.0	5	荷兰射电天文研究所	荷兰	11	36.7
7	印度	5	16.7	7	阿姆斯特丹大学	荷兰	10	33.3
7	中国	5	16.7	7	斯威本科技大学	澳大利亚	10	33.3
9	日本	4	13.3	7	麦吉尔大学	加拿大	10	33.3
9	意大利	4	13.3	7	科廷大学	澳大利亚	10	33.3
				7	加州理工学院	美国	10	33.3

相对核心论文,中国在施引论文方面表现更佳,表现出良好发展态势。2019年,中国500米口径球面射电望远镜(Five-hundred-meter Aperture Spherical radio Telescope,FAST)对FRB121102开展探测,累积捕捉到大量的高信噪比脉冲,未来中国天眼有望在快速射电暴领域取得更多重要发现(表9.5)。

表9.5 "快速射电暴观测"研究前沿中施引论文的Top产出国家和机构

排名	国家	施引论文/篇	比例/%	排名	机构	国家	施引论文/篇	比例/%
1	美国	368	53.6	1	马克思·普朗克科学促进学会	德国	108	15.7
2	英国	157	22.9	2	曼彻斯特大学	英国	102	14.9
3	中国	155	22.6	3	联邦科学与工业研究组织	澳大利亚	91	13.3
4	澳大利亚	150	21.9	4	中国科学院	中国	89	13.0
5	荷兰	141	20.6	5	西弗吉尼亚大学	美国	88	12.8

续表

排名	国家	施引论文/篇	比例/%	排名	机构	国家	施引论文/篇	比例/%
6	德国	133	19.4	6	阿姆斯特丹大学	荷兰	86	12.5
7	加拿大	119	17.3	7	美国国家射电天文台	美国	81	11.8
8	意大利	68	9.9	8	斯威本科技大学	澳大利亚	76	11.1
9	法国	67	9.8	9	科廷大学	澳大利亚	68	9.9
10	日本	63	9.2	10	加州理工学院	美国	63	9.2

9.2 新兴前沿及重点新兴前沿解读

9.2.1 新兴前沿概述

天文学与天体物理学领域有1个新兴前沿"弦论'沼泽地'猜想与宇宙学",下面对其进行重点解读(表9.6)。

表9.6 天文学与天体物理学领域的1个新兴前沿

序号	新兴前沿	核心论文/篇	被引频次/次	核心论文平均出版年
1	弦论"沼泽地"猜想与宇宙学	50	1677	2018.6

9.2.2 重点新兴前沿——"弦论'沼泽地'猜想与宇宙学"

由弦论导出的各种理论描述了四维宇宙的各种可能性,形成了巨大的弦景观。早在2005年以Cumrun Vafa为代表的弦论科学家就提出了弦"沼泽地"的概念,即许多看上去自洽的有效理论其实和弦论不兼容,它们不属于弦景观,只能被排除到所谓的弦"沼泽地"当中。

暴胀是对宇宙现有状态和结构最具说服力的解释,弦论被视为解决量子物理和引力难题的重要候选理论,但是弦论无法解释宇宙发展理论中的暴胀现象。2018年,Cumrun Vafa等提出德西特沼泽地猜想(de Sitter swampland conjecture),认为在弦论中去验证暴胀理论遭遇的困难反映了一种不可能性,即暴胀也许本就不能在弦论中发生。任何可以描述德西特空间(即发生暴胀的宇宙)的概念都具有某种理论缺陷,这种缺陷会使这种概念陷入一片错误理论的"沼泽地"。

这一充满争议的观点很快在弦论界和宇宙学界激起了激烈的讨论,相关研究形成了2020天文学与天体物理学领域的新兴研究前沿。该新兴前沿汇集了50篇核心论文,研究重点包括:基于多种理论论证或驳斥德西特沼泽地猜想的正确性;基于德西特沼泽地猜想研究暗能量的动力学性质,并结合宇宙学观测给出新的暗能量理论约束;提议宇宙暴胀理论之外的宇宙演化的其他可能性等。

第 10 章 数学

10.1 热点前沿及重点热点前沿解读

10.1.1 数学领域 Top10 热点前沿发展态势

数学领域 Top10 的热点前沿主要集中于样本均数最优估计方法研究、神经网络中的奇异态研究、偏微分方程性质及求解研究、多层贝叶斯建模、高维模型性质及应用研究、概率布尔网络的优化控制研究、变分不等式问题和不动点问题的迭代算法等领域（表 10.1、图 10.1）。与 2013~2019 年相比，2020 年 Top10 热点前沿既有延续又有发展。偏微分方程性质及求解研究方向的多个热点前沿连续多年入选该领域的热点前沿或新兴前沿。统计学领域的样本均数最优估计方法、多层贝叶斯建模，非线性系统领域的神经网络中的奇异态研究等热点前沿均首次入选。

表 10.1 数学领域 Top10 热点前沿

排名	热点前沿	核心论文/篇	被引频次/次	核心论文平均出版年
1	样本均数最优估计方法研究	2	830	2016
2	神经网络中的奇异态研究	11	1344	2015.1
3	几类分数阶方程及其精确解和孤子解研究	16	1586	2016
4	几类非线性演化方程解析解的研究	28	2271	2017.3
5	可积非局部非线性薛定谔方程求解研究	40	1596	2017.8
6	基于龙格库塔、NUMEROV 等方法的高阶微分方程数值解法研究	29	1425	2017.2
7	多层贝叶斯建模及其在多款计算软件包中的应用	9	2477	2016.6
8	高维模型性质及应用研究	15	1201	2015.7

续表

排名	热点前沿	核心论文/篇	被引频次/次	核心论文平均出版年
9	概率布尔网络的优化控制研究	16	814	2016.6
10	变分不等式问题和不动点问题的迭代算法	47	1664	2017.3

- 样本均数最优估计方法研究
- 神经网络中的奇异态研究
- 几类分数阶方程及其精确解和孤子解研究
- 几类非线性演化方程解析解的研究
- 可积非局部非线性薛定谔方程求解研究
- 基于龙格库塔、NUMEROV等方法的高阶微分方程数值解法研究
- 多层贝叶斯建模及其在多款计算软件包中的应用
- 高维模型性质及应用研究
- 概率布尔网络的优化控制研究
- 变分不等式问题和不动点问题的迭代算法

2013年　2014年　2015年　2016年　2017年　2018年

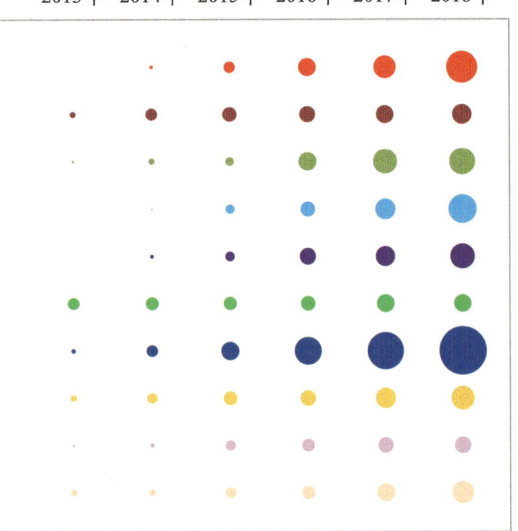

图 10.1　数学领域 Top10 热点前沿的施引论文

10.1.2　重点热点前沿——"样本均数最优估计方法研究"

元分析（meta-analysis）是指应用特定的设计和统计学方法，对既往的研究结果进行整体和系统的定性与定量分析。在元分析中，针对连续性数据较为广泛的使用方法是通过加权均数差（weighted mean difference，WMD）将多个相似研究结果的样本均数和标准差综合起来计算统计量。但很多研究只报道了样本中位数、最大值和最小值，或者第一和第三四分位数。这种情况下，研究人员需要根据上述综合统计量来估算样本均数与标准差，然后再采用转换过的样本均数和标准差开展元分析。

目前用来估计样本均数和标准差的方法只有少数几种，其中最为广泛使用的是 Stela Hozo 等在 2005 年所提出的使用样本中位数、最大值和最小值的样本均值与标准差的估计量。该研究前沿中香港浸会大学童铁军等从理论和实际应用层面证明 Hozo 估算方法存在较大偏差，并提出了改进的样本均数估算方法。在其第一篇核心论文（2014 年发表）中，童铁军等实现了从样本量、中位数、极值或四分位数到均数与标准差的转换方法；该团队的另一篇核心论文（2018 年发表）则将随着样本量而平缓改变的权重加入到计算中，使得样本均值的估计更加准确，美国西北

大学研究人员也参与了该项研究工作。上述两篇核心论文自发表后得到了广泛关注和引用，两篇论文的被引频次分别达 755 次和 75 次，从而形成 2020 年数学领域热点研究前沿"样本均数最优估计方法研究"（表 10.2）。

表 10.2 "样本均数最优估计方法研究"研究前沿中核心论文的 Top 产出国家和机构

排名	国家	核心论文/篇	比例/%	排名	机构	国家	核心论文/篇	比例/%
1	中国	2	100.0	1	香港浸会大学	中国	2	100.0
2	美国	1	50.0	2	西北大学（美国）	美国	1	50.0

元分析作为一种结合独立研究的统计学方法，具有不可比拟的优越性，因此该前沿近年来迅猛发展。施引论文扩展为该方法的优化以及在医学中的应用（表 10.3），美国和中国表现最为突出，澳大利亚、加拿大和英国都有较多的施引论文。在施引论文 Top 机构中，美国有 3 所机构入选，加拿大、澳大利亚和荷兰分别有 2 所、4 所、3 所机构入选。四川大学位列第 4，也是中国唯一入选 Top10 的机构（表 10.3）。

表 10.3 "样本均数最优估计方法研究"研究前沿中施引论文的 Top 产出国家和机构

排名	国家	施引论文/篇	比例/%	排名	机构	国家	施引论文/篇	比例/%
1	美国	183	23.0	1	多伦多大学	加拿大	41	5.2
2	中国	160	20.2	2	麦克马斯特大学	加拿大	29	3.7
3	澳大利亚	108	13.6	3	悉尼大学	澳大利亚	27	3.4
3	加拿大	108	13.6	4	四川大学	中国	22	2.8
5	英国	97	12.2	5	哈佛大学	美国	21	2.6
6	意大利	80	10.1	6	西澳大学	澳大利亚	19	2.4
7	荷兰	63	7.9	6	马什哈德医科大学	伊朗	19	2.4
8	德国	39	4.9	6	约翰斯·霍普金斯大学	美国	19	2.4
9	瑞士	36	4.5	9	梅奥医学中心	美国	17	2.1
10	韩国	33	4.2	10	墨尔本大学	澳大利亚	15	1.9
				10	新南威尔士大学	澳大利亚	15	1.9
				10	鹿特丹伊拉斯姆斯大学	荷兰	15	1.9
				10	马斯特里赫特大学	荷兰	15	1.9
				10	阿姆斯特丹大学	荷兰	15	1.9

10.1.3 重点热点前沿——"多层贝叶斯建模及其在多款计算软件包中的应用"

贝叶斯分析（Bayesian analysis）提供了一种计算假设概率的方法，这种方法是基于假设的先验概率、给定假设下观察到不同数据的概率以及观察到的数据本身而得出的。层次贝叶斯模型被称为现代贝叶斯方法的"标志性建筑"之一，是具有结构化层次的统计模型，它通过贝叶斯方法估计后验分布的参数，可以用来为复杂的统计问题建立层次模型，从而避免参数过多导致的过拟合问题。

贝叶斯网络，作为贝叶斯方法的扩展，是当前不确定知识表达和推理领域最有效的理论模型之一。近年来，人工智能技术发展方兴未艾，但在30多年前，人工智能研究面临的一个主要挑战是对机器进行编程。此时，美国计算机科学家Judea Pearl发现，贝叶斯网络可以让机器很容易地推理出潜在原因与可观察现象的关联，Judea Pearl 也凭借"概率推理与因果关系推理的演算模式"对人工智能的基础性贡献获得 2011 年的图灵奖，并被称为"贝叶斯网络之父"。

作为贝叶斯统计理论近年来首次入选的数学领域热点研究前沿，"多层贝叶斯建模及其在多款计算软件包中的应用"热点前沿共包含 9 篇核心论文，研究侧重也相对统一，围绕多层贝叶斯建模作为机器学习和人工智能支柱的统计学基础，主要聚焦贝叶斯采样器算法设计、贝叶斯推理系统开发、多层贝叶斯模型 R 软件包 brms、贝叶斯建模仿真实用性交叉验证、贝叶斯预测分布模型、贝叶斯模型在生态学领域的应用等方向。

该前沿核心论文的产出国家中（表10.4），美国和芬兰的表现最为活跃。机构中，排名第 1 的美国哥伦比亚大学的 6 篇核心论文均来自 Andrew Gelman 教授，且该前沿被引频次最高的前两篇核心论文也出自 Gelman 之手。其 2017 年发表的"Stan：A Probabilistic Programming Language"一文被引频次高达 838 次。该文介绍的 Stan 是一种新开发用于指定统计模型的强大且高效的概率编程语言，通过马尔可夫链蒙特卡罗（Markov Chain Monte Carlo，MCMC）算法为连续变量模型提供完整的贝叶斯推理，是贝叶斯统计与建模的前沿基础工作。

表 10.4 "多层贝叶斯建模及其在多款计算软件包中的应用"研究前沿中核心论文的 Top 产出国家和机构

排名	国家	核心论文/篇	比例/%	排名	机构	国家	核心论文/篇	比例/%
1	美国	7	77.8	1	哥伦比亚大学	美国	6	66.7
2	芬兰	4	44.4	2	阿尔托大学	芬兰	4	44.4
3	德国	2	22.2	3	明斯特大学	德国	2	22.2
3	加拿大	2	22.2	3	哈佛大学	美国	2	22.2
5	英国	1	11.1					
5	沙特阿拉伯	1	11.1					
5	挪威	1	11.1					
5	荷兰	1	11.1					
5	意大利	1	11.1					
5	法国	1	11.1					

从该研究前沿的施引论文情况来看（表10.5），美国占据绝对优势地位，以1110篇论文列首位。其他国家中，英国、德国、澳大利亚是对该研究前沿发展相对较为跟进的国家。在机构层面，美国的表现更加突出，在Top产出机构中占据7席，美国地质调查局是施引论文数量最多的机构。英国伦敦大学学院、法国国家科学研究中心和英国剑桥大学在该前沿的跟进研究方面也表现积极。

表10.5 "多层贝叶斯建模及其在多款计算软件包中的应用"研究前沿中施引论文的Top产出国家和机构

排名	国家	施引论文/篇	比例/%	排名	机构	国家	施引论文/篇	比例/%
1	美国	1110	55.7	1	美国地质调查局	美国	108	5.4
2	英国	350	17.6	2	哈佛大学	美国	79	4.0
3	德国	242	12.1	3	哥伦比亚大学	美国	64	3.2
4	澳大利亚	211	10.6	4	伦敦大学学院	英国	57	2.9
5	加拿大	175	8.8	4	法国国家科学研究中心	法国	57	2.9
6	荷兰	114	5.7	6	华盛顿大学西雅图分校	美国	56	2.8
7	法国	110	5.5	7	科罗拉多州立大学	美国	52	2.6
8	瑞士	102	5.1	8	美国国家海洋与大气管理局	美国	49	2.5
9	瑞典	77	3.9	9	加州大学戴维斯分校	美国	47	2.4
10	西班牙	70	3.5	10	剑桥大学	英国	46	2.3

第 11 章 信息科学

11.1 热点前沿及重点热点前沿解读

11.1.1 信息科学领域 Top10 热点前沿发展态势

信息科学领域 Top10 的热点前沿主要集中于深度学习和强化学习、移动边缘计算、无人机通信、图像处理、长距离连续变量量子密钥分配等方向（表 11.1、图 11.1）。深度学习和强化学习方向连续入选本领域的热点前沿或新兴前沿，其中，卷积神经网络的图像处理相关研究入选 2019 年、2020 年热点前沿，"AlphaGo Zero 的强化学习算法"首次入选热点前沿。

无人机通信相关研究连续两年入选热点前沿。图像处理方向"基于混沌的图像加密研究"曾入选 2018 年热点前沿，2020 年再次入选。"基于智能卡、密码和生物特征标识的用户认证和密钥协商方案"是 2018 年热点前沿"基于智能卡、生物特征等的远程用户认证方案及相关技术"的延续。"无线移动边缘计算研究"、"长距离连续变量量子密钥分配"以及"使用 lme4 拟合线性混合效应模型"均首次入选热点前沿。

表 11.1 信息科学领域 Top10 热点前沿

排名	热点前沿	核心论文/篇	被引频次/次	核心论文平均出版年
1	无人机无线通信网络、传输保密和轨迹优化研究	24	2 543	2017.4
2	基于混沌的图像加密研究	45	3 303	2016.9
3	无线移动边缘计算研究	18	2 294	2016.9
4	长距离连续变量量子密钥分配	33	2 927	2016.8
5	基于深度卷积神经网络的脑肿瘤图像分割研究	13	2 086	2016.7

续表

排名	热点前沿	核心论文/篇	被引频次/次	核心论文平均出版年
6	基于智能卡、密码和生物特征标识的用户认证和密钥协商方案	31	2 502	2016.4
7	单一图像去雾算法与系统	12	1 122	2016.4
8	用于人脸识别的局部二进制描述符的学习	17	1 366	2016.1
9	使用 lme4 拟合线性混合效应模型	3	13 035	2016
10	AlphaGo Zero 的强化学习算法	3	3 081	2016

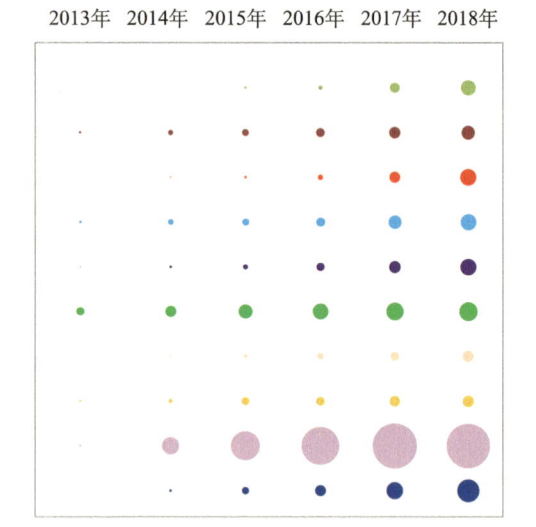

图 11.1　信息科学领域 Top10 热点前沿的施引论文

11.1.2　重点热点前沿——"无线移动边缘计算研究"

移动边缘计算（Mobile Edge Computing，MEC）最初由欧洲电信标准协会（European Telecommunications Sdandards Institute，ETSI）提出，是一种基于 5G 演进的架构并将移动接入网与互联网业务深度融合的技术。MEC 一方面可以改善用户体验，节省带宽资源，另一方面通过将计算能力下沉到移动边缘节点，提供第三方应用集成，为移动边缘入口的服务创新提供了无限可能。MEC 将会提供一个强大的平台解决未来网络的延迟、拥塞和容量等问题。在 5G 时代，MEC 的应用范围将延伸至交通运输系统、智能驾驶、实时触觉控制、增强现实等领域。MEC 研究的主要内容有任务卸载模型、计算资源分配、大规模 MEC 系统部署、MEC 的安全性问题等。

热点前沿"无线移动边缘计算研究"包含 18 篇核心论文，聚焦在 5G 异构网络中移动边缘计算的节能卸载、移动边缘计算卸载的节能资源分配、无线移动边缘计算的计算速率最大化、无线移动边缘计算系统中的联合卸载和计算优化等方面（表 11.2）。

中国主导或参与了该前沿大部分的研究工作。从核心论文的机构分布看，西安电子科技大学、香港大学、香港科技大学、哈马德·本·哈利法大学、重庆邮电大学、中国科学院 6 所机构并列第 1。

表 11.2 "无线移动边缘计算研究"研究前沿中核心论文的 Top 产出国家和机构

排名	国家	核心论文/篇	比例/%	排名	机构	国家	核心论文/篇	比例/%
1	中国	15	83.3	1	西安电子科技大学	中国	3	16.7
2	韩国	3	16.7	1	香港大学	中国	3	16.7
2	卡塔尔	3	16.7	1	香港科技大学	中国	3	16.7
4	美国	2	11.1	1	哈马德·本·哈利法大学	卡塔尔	3	16.7
4	挪威	2	11.1	1	重庆邮电大学	中国	3	16.7
4	加拿大	2	11.1	1	中国科学院	中国	3	16.7
7	新加坡	1	5.6	7	思姆拉研究实验室有限公司	挪威	2	11.1
7	日本	1	5.6	7	LG 电子	韩国	2	11.1
7	爱尔兰	1	5.6	7	卡尔顿大学	加拿大	2	11.1
7	德国	1	5.6					
7	捷克	1	5.6					

从施引论文的角度来看（表 11.3），中国的施引论文最多，达 694 篇，占全部施引论文的 65.4%。美国的施引论文位列第 2。施引论文 Top 机构除了并列第 10 的韩国庆熙大学、加拿大卡尔顿大学之外全部来自中国。

表 11.3 "无线移动边缘计算研究"研究前沿中施引论文的 Top 产出国家和机构

排名	国家	施引论文/篇	比例/%	排名	机构	国家	施引论文/篇	比例/%
1	中国	694	65.4	1	北京邮电大学	中国	99	9.3
2	美国	178	16.8	2	中国科学院	中国	70	6.6
3	加拿大	110	10.4	3	西安电子科技大学	中国	46	4.3
4	英国	98	9.2	4	电子科技大学	中国	41	3.9
5	韩国	90	8.5	5	中山大学	中国	35	3.3
6	澳大利亚	53	5.0	6	清华大学	中国	32	3.0
7	日本	40	3.8	7	华中科技大学	中国	31	2.9
8	芬兰	31	2.9	8	浙江大学	中国	30	2.8
9	印度	29	2.7	8	北京交通大学	中国	30	2.8
10	法国	28	2.6	10	东南大学	中国	25	2.4
				10	庆熙大学	韩国	25	2.4

续表

排名	国家	施引论文/篇	比例/%	排名	机构	国家	施引论文/篇	比例/%
				10	大连理工大学	中国	25	2.4
				10	卡尔顿大学	加拿大	25	2.4

11.1.3 重点热点前沿——"AlphaGo Zero 的强化学习算法"

强化学习是机器学习的一个分支，作为解决序贯决策问题的重要方法，智能体不断地与环境交互，通过试错的方式来获得最佳策略，这与人类的经验学习和决策思维方式相契合。经典应用案例有棋类游戏、机器人学习站立和走路、无人驾驶、机器翻译、人机对话等。直接从视觉和语言等高维感官输入中学习控制策略，是强化学习的长期挑战之一。随着深度学习在视觉和语音等领域取得突破性进展，将深度神经网络引入到强化学习中，极大地提升了强化学习算法的效率和能力，使强化学习的研究进入了新的阶段。

Google DeepMind 公司的 AlphaGo 就是深度强化学习的代表，而 AlphaGo Zero 则在没有任何人类专业知识输入的前提下战胜了前者，是纯强化学习的杰出代表。2013 年，DeepMind 公司首次提出"利用强化学习从高维输入中直接学习控制策略"的深度学习模型——深度 Q 网络（Deep Q-network，DQN）。

2015 年，DeepMind 公司在 Nature 上发文"Human-Level Control Through Deep Reinforcement Learning"，介绍了改进版的 DQN。此文是深度强化学习的经典之作，也是该研究前沿的 3 篇核心论文之一，在 WoS 平台上的被引频次已达 3000 余次。2016 年 3 月，AlphaGo 在与世界围棋冠军李世石的对战当中，以 4∶1 的大比分取胜。DeepMind 公司于当年 1 月发表在 Nature 上的"Mastering the Game of Go with Deep Neural Networks and Tree Search"文章中，详细介绍了 AlphaGo 利用"价值网络"来评估棋局，利用"策略网络"来选择落子位置，并使用树搜索算法搜索胜率最大的走法。而对这些深度神经网络的训练是由对围棋高手下过棋局的监督学习，以及自我博弈棋局的强化学习共同完成的。2017 年，DeepMind 公司在 Nature 上发表题为"Mastering the Game of Go without Human Knowledge"的论文，介绍了 AlphaGo Zero 使用纯强化学习，将"价值网络"和"策略网络"整合为一个架构，从零开始 3 天训练后以 100∶0 击败了与李世石对弈的 AlphaGo，40 天训练后以 89∶11 战胜了 AlphaGo Master。这一系统的成功也是朝向人工智能研究长期以来的目标——创造出在没有人类输入的条件下在最具挑战性的领域实现超越人类能力的算法——迈进的一大步。上述 3 篇文章构成了该研究前沿的核心论文集（表 11.4）。

表 11.4 "AlphaGo Zero 的强化学习算法"研究前沿中核心论文的 Top 产出国家和机构

排名	国家	核心论文/篇	比例/%	排名	机构	国家	核心论文/篇	比例/%
1	英国	3	100.0	1	DeepMind	英国	3	100.0
2	美国	1	33.3	2	Google Inc	美国	1	33.3

从该研究前沿的施引论文情况来看（表 11.5），美国和中国是该前沿后续研究最活跃的国家。在施引论文 Top 机构中，中美两国的顶尖科研和教育机构占据了前 5 席，其中中国科学院是该前沿最为活跃的研究机构。

表 11.5 "AlphaGo Zero 的强化学习算法"研究前沿中施引论文的 Top 产出国家和机构

排名	国家	施引论文/篇	比例/%	排名	机构	国家	施引论文/篇	比例/%
1	美国	843	34.5	1	中国科学院	中国	123	5.0
2	中国	827	33.9	2	清华大学	中国	75	3.1
3	英国	260	10.6	3	斯坦福大学	美国	59	2.4
4	德国	167	6.8	4	哈佛大学	美国	56	2.3
5	日本	142	5.8	5	麻省理工学院	美国	51	2.1
6	加拿大	133	5.4	6	法国国家科学研究中心	法国	47	1.9
7	韩国	124	5.1	7	北京邮电大学	中国	44	1.8
8	法国	91	3.7	8	伦敦大学学院	英国	40	1.6
9	澳大利亚	85	3.5	9	浙江大学	中国	37	1.5
10	瑞士	77	3.2	10	瑞士联邦理工学院	瑞士	35	1.4

第 12 章　经济学、心理学及其他社会科学

12.1 热点前沿及重点热点前沿解读

12.1.1 经济学、心理学及其他社会科学领域 Top10 热点前沿发展态势

2020 年经济学、心理学及其他社会科学领域 Top10 热点前沿体现了经济社会向数字化、智能化方向转变的趋势（表 12.1、图 12.1）。与往年心理学前沿热点占主要部分的情形不同，2020 年经济学、心理学及其他社会科学领域的热点前沿中，有 4 个热点前沿与数字经济和智能化社会相关，分别为"比特币的市场效率和信息效率""自动驾驶对政策和社会的影响""Airbnb 共享经济中消费者评估及其对酒店业的影响""消费者对移动银行等新技术的接受和使用意图"，其中 3 个热点前沿是数字化对商业经济形态的改变及其影响分析，"自动驾驶对政策和社会的影响"则侧重智能化对社会的影响。

资源和环境问题是 2020 年经济学、心理学及其他社会科学热点前沿中另一个突出的主题，有 3 个与之相关，包括"中国农村土地资源配置与管理 & 政策创新""循环经济和可持续性商业模式创新""基于共享社会经济路径的气候变化及影响研究"。2020 年心理学热点前沿仅有 1 个——"语言和记忆的强化学习"，是继 2016 年的热点前沿"音乐训练与认知能力"，2017 年的热点前沿"双语对认知的影响研究""工作记忆训练及其应用研究"，2018 年的热点前沿"睡眠与记忆巩固"后，再次聚焦在认知领域的前沿。

在研究方法上，2020 的热点前沿为"随机参数多元空间模型在车祸伤害中的应用"，与前几年该领域的方法热点前沿不同，2020 年的方法是仿真在社会中的应用。此外，关注食品和健康的"超加工食品消费量及健康风险"也成为 2020 年经济学、心理学及其他社会科学领域的热点前沿之一。

69

表 12.1 经济学、心理学及其他社会科学领域 Top10 热点前沿

序号	热点前沿	核心论文/篇	被引频次/次	核心论文平均出版年
1	中国农村土地资源配置与管理 & 政策创新	25	995	2017.6
2	比特币的市场效率和信息效率	39	1903	2017.5
3	随机参数多元空间模型在车祸伤害中的应用	38	1283	2017.5
4	自动驾驶对政策和社会的影响	42	2205	2017.4
5	Airbnb 共享经济中消费者评估及其对酒店业的影响	33	1670	2017.4
6	语言和记忆的强化学习	32	1547	2017.4
7	超加工食品消费量及健康风险	29	1426	2017.3
8	循环经济和可持续性商业模式创新	43	4015	2017.1
9	消费者对移动银行等新技术的接受和使用意图	43	2171	2017
10	基于共享社会经济路径的气候变化及影响研究	18	2385	2016.7

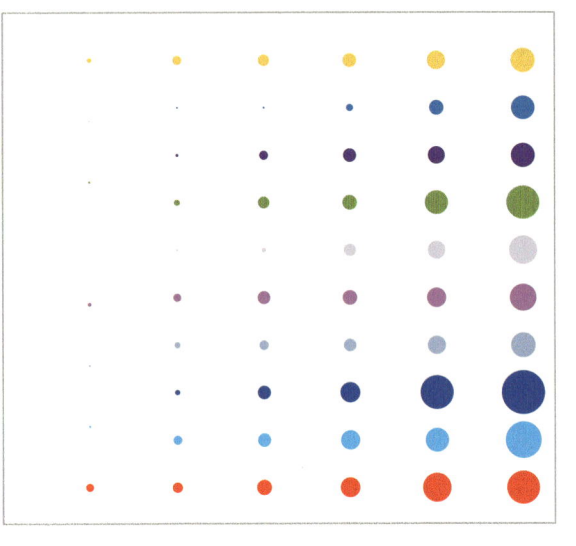

图 12.1 经济学、心理学及其他社会科学领域 Top10 热点前沿的施引论文

12.1.2 重点热点前沿——"循环经济和可持续性商业模式创新"

循环经济（circular economy，CE）常出现在欧洲和中国的政策中，在过去的几年中受到越来越多的关注。循环经济旨在克服生产和消费按需配置的线性模式，提出一种封闭的生产循环系统，在该系统中，资源被重复使用并保持在生产和使用的循环中，从而产生更多的价值并持续更长的时间。循环经济是当前世界经济发展的主要方向和可持续发展的驱动力，成为新的可持续商业模式创新研究热点之一。

然而，循环经济研究中仍存在一些问题：关于循环经济的定义差异很大，最终可能会导致概念崩溃；在微观水平上，仍缺乏对循环经济评估和指标的深入研究；

等等。因此，该热点前沿中的核心论文通过多种途径对循环经济的文献进行综述，提炼总结、对比分析了 CE 的主要特征和观点：CE 的起源、CE 的概念、CE 的基本原理、CE 的优缺点、CE 建模和实施、CE 数据库等。

该热点前沿共有核心论文 43 篇，其中英国、荷兰和瑞典贡献最大。从机构层面看，在 13 家 Top 机构中，12 家机构来自欧洲，其中瑞典的皇家理工学院和荷兰的代夫特工业大学居首位，其次是荷兰的乌得勒支大学（表 12.2）。

表 12.2 "循环经济和可持续性商业模式创新"研究前沿中核心论文的 Top 产出国家和机构

排名	国家	核心论文/篇	比例/%	排名	机构	国家	核心论文/篇	比例/%
1	英国	12	27.9	1	皇家理工学院	瑞典	5	11.6
1	荷兰	12	27.9	1	代夫特工业大学	荷兰	5	11.6
3	瑞典	11	25.6	3	乌得勒支大学	荷兰	4	9.3
4	意大利	6	14.0	4	谢菲尔德大学	英国	2	4.7
5	德国	4	9.3	4	圣保罗大学	巴西	2	4.7
6	美国	3	7.0	4	剑桥大学	英国	2	4.7
6	芬兰	3	7.0	4	丹麦科技大学	丹麦	2	4.7
8	丹麦	2	4.7	4	米兰理工大学	意大利	2	4.7
8	中国	2	4.7	4	荷兰应用科学研究组织	荷兰	2	4.7
8	巴西	2	4.7	4	隆德大学	瑞典	2	4.7
8	奥地利	2	4.7	4	莱顿大学	荷兰	2	4.7
8	澳大利亚	2	4.7	4	芬兰环境研究所	芬兰	2	4.7
				4	查尔姆斯理工大学	瑞典	2	4.7

从施引论文来看，英国以 296 篇施引论文居首位，中国居第 2 位，这说明中国开始关注该前沿的研究，但从核心论文来看，目前中国在该领域的研究还未进入第一梯队，处于追赶阶段。在机构层面，施引论文最多的 Top 机构均为欧洲的大学或科研机构，其中，荷兰的代夫特工业大学和瑞典的隆德大学表现最为突出（表 12.3），中国的机构未能进入 Top 施引机构中。

表 12.3 "循环经济和可持续性商业模式创新"研究前沿中施引论文的 Top 产出国家和机构

排名	国家	施引论文/篇	比例/%	排名	机构	国家	施引论文/篇	比例/%
1	英国	296	17.9	1	代夫特工业大学	荷兰	50	3.0
2	中国	198	11.9	2	隆德大学	瑞典	44	2.7
3	意大利	179	10.8	3	米兰理工大学	意大利	28	1.7
4	美国	177	10.7	4	丹麦科技大学	丹麦	26	1.6
5	瑞典	150	9.1	4	林雪平大学	瑞典	26	1.6

续表

排名	国家	施引论文/篇	比例/%	排名	机构	国家	施引论文/篇	比例/%
6	西班牙	146	8.8	6	剑桥大学	英国	24	1.4
7	荷兰	129	7.8	7	瓦萨大学	芬兰	23	1.4
8	德国	127	7.7	7	曼彻斯特大学	英国	23	1.4
9	巴西	99	6.0	7	皇家理工学院	瑞典	23	1.4
10	芬兰	93	5.6	10	挪威科技大学	挪威	22	1.3

12.1.3 重点热点前沿——"基于共享社会经济路径的气候变化及影响研究"

共享社会经济路径（shared socioeconomic pathway，SSP）是政府间气候变化专门委员会（Intergovernmental Panel on Climate Change，IPCC）于2010年推出的描述全球社会经济发展情景的有力工具，是新一代气候变化情景框架的重要组成部分。该情景在典型浓度路径（representative concentration pathway，RCP）情景基础上发展而来，用于定量描述气候变化与社会经济发展路径之间的关系，目的是促进气候变化影响、适应和减缓的综合分析。SSP目前共有5个典型路径，分别是SSP1（sustainability，可持续路径）、SSP2（middle of the road，中间路径）、SSP3（regional rivalry，区域竞争路径）、SSP4（inequality，不均衡路径）和SSP5（fossil-fueled development，化石燃料为主发展路径）。SSP提出十余年来，显著推动了气候变化预估以及对人口、土地利用、农业科学、人类发展、经济和生活方式等方面的影响研究，支撑了气候政策的相关决策。该研究前沿主要通过定量的模型阐述了SSP及其对能源、土地使用、排放的影响，以及在人口预测、城市化方面的应用。

该热点前沿中，核心论文排名前3的国家是美国、德国和奥地利。在Top机构中，除美国国家大气研究中心、日本国立环境研究所和澳大利亚联邦科学与工业研究组织外，其他均为欧洲的大学和科研机构（表12.4）。

表12.4 "基于共享社会经济路径的气候变化及影响研究"研究前沿中核心论文的Top产出国家和机构

排名	国家	核心论文/篇	比例/%	排名	机构	国家	核心论文/篇	比例/%
1	美国	11	61.1	1	波茨坦气候影响研究所	德国	10	55.6
1	德国	11	61.1	2	乌得勒支大学	荷兰	8	44.4
3	奥地利	10	55.6	2	荷兰环境评估机构	荷兰	8	44.4
4	荷兰	9	50.0	2	国际应用系统分析研究所	奥地利	8	44.4
5	日本	6	33.3	5	美国国家大气研究中心	美国	6	33.3
6	意大利	4	22.2	5	日本国立环境研究所	日本	6	33.3

续表

排名	国家	核心论文/篇	比例/%	排名	机构	国家	核心论文/篇	比例/%
6	澳大利亚	4	22.2	7	瓦格宁根大学与研究中心	荷兰	5	27.8
8	韩国	3	16.7	8	格拉茨技术大学	奥地利	4	22.2
9	乌克兰	2	11.1	8	埃尼·安里科·马特伊基金会	意大利	4	22.2
9	挪威	2	11.1	8	联邦科学与工业研究组织	澳大利亚	4	22.2
9	印度	2	11.1					
9	法国	2	11.1					
9	芬兰	2	11.1					

从施引论文来看，美国以450篇施引论文居首位，是居第2位的德国的约1.5倍。施引论文Top机构全部来自欧洲、美国、日本等发达国家或地区，其中欧洲有8所机构，美国和日本各1所机构进入Top机构中（表12.5）。

表12.5 "基于共享社会经济路径的气候变化及影响研究"
研究前沿中施引论文的Top产出国家和机构

排名	国家	施引论文/篇	比例/%	排名	机构	国家	施引论文/篇	比例/%
1	美国	450	36.9	1	国际应用系统分析研究所	奥地利	172	14.1
2	德国	297	24.3	2	波茨坦气候影响研究所	德国	131	10.7
3	英国	284	23.3	3	乌得勒支大学	荷兰	107	8.8
4	荷兰	230	18.8	4	荷兰环境评估机构	荷兰	89	7.3
5	奥地利	200	16.4	4	日本国立环境研究所	日本	89	7.3
6	中国	163	13.3	6	瓦格宁根大学与研究中心	荷兰	86	7.0
7	日本	125	10.2	7	亥姆霍兹联合会	德国	67	5.5
8	意大利	120	9.8	8	美国国家大气研究中心	美国	62	5.1
9	澳大利亚	110	9.0	9	法国国家科学研究中心	法国	54	4.0
10	法国	99	8.1	10	苏黎世联邦理工大学	瑞士	51	4.2

12.2 新兴前沿及重点新兴前沿解读

12.2.1 新兴前沿概述

经济学、心理学及其他社会科学领域有3项研究入选新兴前沿，分别为"区域可再生能源与经济发展"、"父母养育方式对儿童社会化发展的短期和长期影响"和"人工智能对区块链智慧合约的推动在供应链管理和智慧城市中的应用"（表12.6）。下面选取"人工智能对区块链智慧合约的推动在供应链管理和智慧城市中的应用"做重点解读。

表 12.6　经济学、心理学及其他社会科学领域的 3 个新兴前沿

序号	新兴前沿	核心论文 / 篇	被引频次 / 次	核心论文平均出版年
1	区域可再生能源与经济发展	27	605	2019
2	父母养育方式对儿童社会化发展的短期和长期影响	9	242	2019
3	人工智能对区块链智慧合约的推动在供应链管理和智慧城市中的应用	7	175	2019

12.2.2　重点新兴前沿——"人工智能对区块链智慧合约的推动在供应链管理和智慧城市中的应用"

人工智能（artificial intelligence，AI）、云计算、大数据、物联网、区块链等新一代信息技术以惊人的速度发展，且不断集聚创新资源与要素，与新业务形态、新商业模式互动融合，快速推动农业科学、工业和服务业的转型升级和变革。如今，"数字经济""人工智能""智慧城市""跨界融合""大工程、大平台模式"已成为新一代信息产业发展的新趋势。

在过去的几年中，人工智能、区块链技术及应用引起了全世界越来越多学者的关注，并迅速成为经济学、心理学及其他社会科学领域的新兴前沿之一。区块链是分布式数据存储、点对点传输、共识机制、加密算法等计算机技术的新型应用模式，作为一种具有透明度、可追溯性和安全性的分布式数字分账技术，在商业和经济领域的多个方面得以应用。人工智能与区块链相结合的智慧合约推动了区块链技术的发展和应用。

该新兴前沿主要聚焦人工智能对区块链智慧合约的推动在供应链管理和智慧城市中的应用。区块链是供应链管理和智慧城市建设重要底层支撑技术之一，实现了供应链的数字化转型，尤其是影响了供应链管理的关键目标，如成本、质量、速度、可靠性、降低风险、可持续性和灵活性，特别在物联网生态系统中，区块链在加强网络安全和保护隐私方面起到重要作用。智慧合约通过优化能耗提升挖矿效率，通过数据分区提高区块链的可扩展性，并可用于欺诈行为的检测，将应用于金融、法务、医疗、物流、工业以及城市建设等多领域，开启未来智慧生活。

第13章 2020研究前沿热度指数

科学技术是世界性的、时代性的，要想发展科学技术，必须具有全球视野。当前，科技创新的重大突破和加快应用极有可能重塑全球经济结构，使产业和经济竞争的赛场发生转换。《2020研究前沿》报告遴选出十一大领域的110个热点前沿和38个新兴前沿，并对重要的前沿进行了解读分析。在《2020研究前沿》报告的基础上，《2020研究前沿热度指数》报告用研究前沿热度指数来揭示世界主要国家在11个领域的110个热点前沿和38个新兴前沿的研究活跃程度，观察世界主要国家在这些研究前沿中的表现和激烈较力的竞争格局。

13.1 方法论

研究前沿热度指数是衡量研究前沿活跃程度的综合评估指标。研究前沿本身是由一簇共高被引的核心论文和后续引用核心论文的施引论文共同组成的，因此，在研究前沿热度指数的设计中，同时从核心论文和施引论文的数量和被引频次的份额角度，设计贡献度和影响度两个指标，二者加和构成研究前沿热度指数，逻辑模型如图13.1所示。

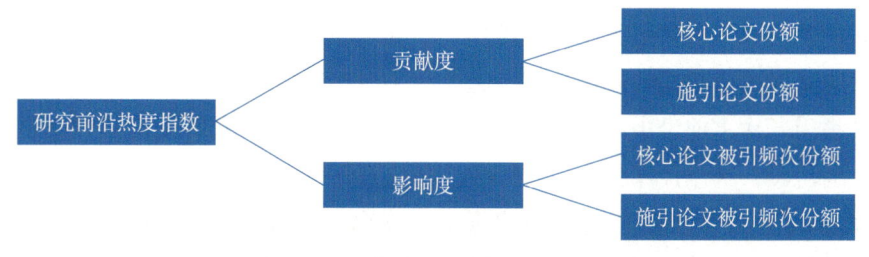

图13.1 研究前沿热度指数逻辑模型

（1）研究前沿热度指数可以针对特定研究前沿、特定学科或主题领域研究前沿群组和年度十一大学科领域研究前沿整体，测度相关国家、机构、实验室、团队以及科学家个人等的表现。本报告从十一大学科领域整体、各学科领域和特定研究前沿度量了国家研究前沿热度指数,揭示了各国在《2020研究前沿》报告的148个研究前沿的三个层面的基础研究活跃程度。

第一,国家研究前沿热度指数,计算方法如下:

国家研究前沿热度指数 = 国家贡献度 + 国家影响度

国家研究前沿热度指数是对研究前沿有贡献的国家的核心论文和施引论文的产出规模和影响度的综合评估指标。具体计算方法为:

国家研究前沿热度指数 = 国家贡献度 + 国家影响度

第二,国家贡献度和国家影响度。

国家贡献度是一个国家对研究前沿贡献的论文数量的相对份额,包括国家参与发表的核心论文占前沿中所有核心论文的份额,以及施引论文占前沿中所有施引论文的份额,具体计算方法如下:

国家贡献度 = 国家核心论文贡献度(A) + 国家施引论文贡献度(B) = 国家核心论文份额 + 国家施引论文份额

国家影响度是一个国家对研究前沿贡献的论文被引频次的相对份额,包括国家参与发表的核心论文的被引频次占前沿中所有核心论文的被引频次的份额,以及施引论文的被引频次占前沿中所有施引论文被引频次的份额,具体计算方法为:

国家影响度 = 国家核心论文影响度(C) + 国家施引论文影响度(D) = 国家核心论文被引频次份额 + 国家施引论文被引频次份额

第三,国家核心论文贡献度(A)、国家施引论文贡献度(B)、国家核心论文影响度(C)和国家施引论文影响度(D),具体计算方法为:

国家核心论文贡献度(A),即国家核心论文份额。

国家核心论文份额 = 国家核心论文数 / 前沿核心论文总数

国家施引论文贡献度(B),即国家施引论文份额。

国家施引论文份额 = 国家施引论文数 / 前沿施引论文总数

国家核心论文影响度(C),即国家核心论文被引频次份额。

国家核心论文被引频次份额 = 国家核心论文被引频次 / 前沿核心论文被引频次

国家施引论文影响度(D),即国家施引论文被引频次份额。具体计算方法为

国家施引论文被引频次份额 = 国家施引论文被引频次 / 前沿施引论文被引频次

(2)国家研究前沿热度指数测度分析依次从研究前沿、领域到十一大学科领域整体进行,计算分析方法如下。

第一,研究前沿热度测度分析:对于一个研究前沿,根据国家研究前沿热度指数和指标计算方法,分别计算出所有参与国家的研究前沿热度指数,并进行排名和对比分析。

第二,领域研究前沿热度测度分析:对于一个学科或领域,分别对所有参与国家在领域内所有研究前沿的国家研究前沿热度指数得分进行加和,得到各国在某领域的国家研究前沿热度指数,并进行排名和对比分析。

第三,十一大学科领域研究前沿整体

热度指数测度分析：对于由 11 个领域的 148 个研究前沿构成的整体，分别对所有参与国家在各个领域的国家研究前沿热度指数得分进行加和，得到各国在十一大学科领域整体的国家研究前沿热度指数，并进行排名和对比分析。

以上测度分析意在揭示主要国家在年度研究前沿整体的活跃格局，分析各国在某领域研究前沿和具体某个研究前沿的基础研究活跃程度，揭示各国研究活力来源。

13.2 十一大学科领域整体国家研究前沿热度指数排名

从十一大学科领域整体测度分析主要国家研究前沿热度指数得分和排名，观察发现如下态势特征。

13.2.1 美国整体仍最活跃，中国研究前沿热度指数稳居第 2

在十一大学科领域整体层面，美国最为活跃，研究前沿热度指数得分为 226.63，位居全球首位。中国以 151.29 分位居第 2。英国和德国的研究前沿热度指数得分分别为 77.81 和 73.86，排名第 3 和第 4。

法国、加拿大、澳大利亚、荷兰、意大利和西班牙这 6 个国家的国家研究前沿热度指数在 35~50，排名第 5~10。排名第 11 和第 12 的瑞士和日本的研究前沿热度指数分别为 33.83 和 29.53。印度、瑞典和韩国得分比较接近，均在 22 分左右。丹麦、巴西、比利时、俄罗斯和波兰排名在第 16~20 名（图 13.2）。

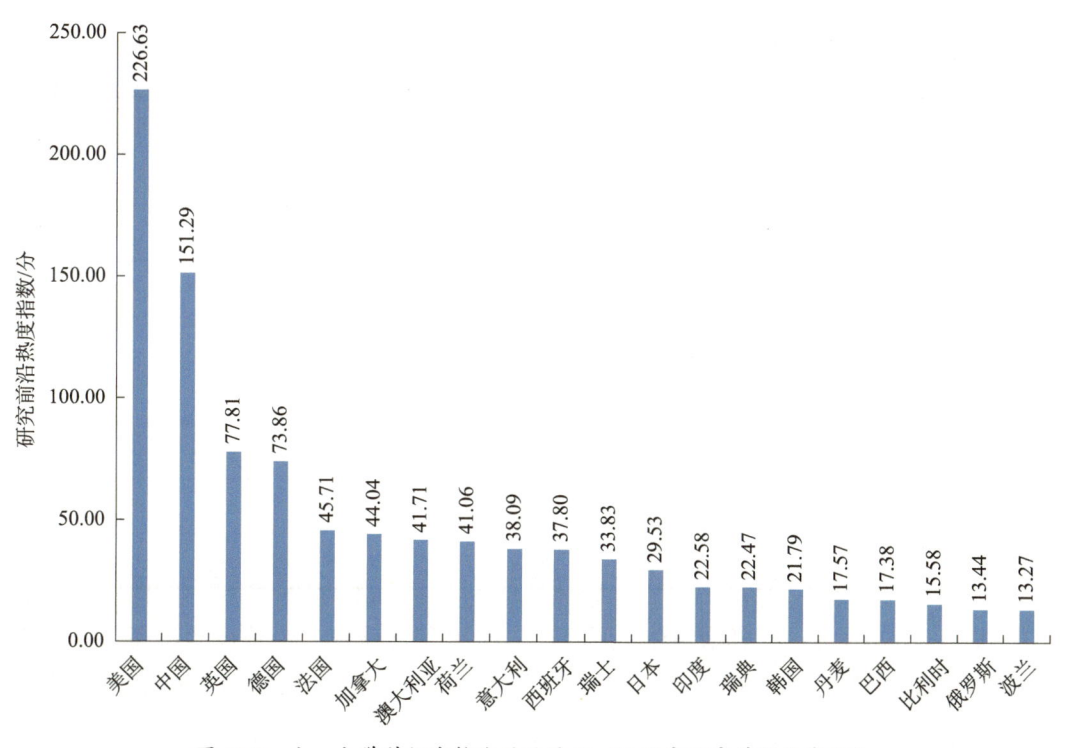

图 13.2 十一大学科领域整体层面的 Top20 国家研究前沿热度指数

国家研究前沿热度指数由国家贡献度和国家影响度组成，国家研究前沿热度指数排名前 4 的国家在三个指标维度的排名完全一致。排名第 5～20 位的国家在三个指标维度的排名也基本稳定，只有个别位次略有不同（表 13.1）。

表 13.1 十一大学科领域整体层面的 Top20 国家研究前沿热度指数得分及排名

国家	国家研究前沿热度指数 得分	排名	国家贡献度 得分	排名	国家影响度 得分	排名
美国	226.63	1	119.58	1	107.04	1
中国	151.29	2	90.70	2	60.59	2
英国	77.81	3	40.43	3	37.38	3
德国	73.86	4	37.54	4	36.32	4
法国	45.71	5	23.44	5	22.27	6
加拿大	44.04	6	21.66	6	22.38	5
澳大利亚	41.71	7	20.31	8	21.40	7
荷兰	41.06	8	20.10	9	20.95	8
意大利	38.09	9	20.41	7	17.68	10
西班牙	37.80	10	19.21	10	18.59	9
瑞士	33.83	11	16.77	11	17.06	11
日本	29.53	12	16.17	12	13.35	12
印度	22.58	13	12.74	13	9.85	15
瑞典	22.47	14	11.02	15	11.45	13
韩国	21.79	15	11.56	14	10.23	14
丹麦	17.57	16	8.73	16	8.85	17
巴西	17.38	17	8.15	17	9.22	16
比利时	15.58	18	7.27	18	8.32	18
俄罗斯	13.44	19	6.91	19	6.53	21
波兰	13.27	20	6.13	21	7.14	19

表 13.2 比较了十一大领域整体层面的 Top5 国家在 2017 年、2018 年、2019 年和 2020 年的研究前沿热度指数得分及相对于美国的比例。四年的 Top5 国家排名完

全一致。美国四年的得分分别为281.11、227.39、204.89和226.63，得分最高且稳居首位，是名副其实的领头羊。中国四年以118.84、118.38、139.68和151.29分位居第2。以每年美国为100%，中国相对美国的得分比例在四年中分别为42.28%、52.06%、68.18%和66.76%，前三年中国相对于美国的比例逐年增加，进步明显，2020年相对于2019年基本相当。而英国、德国和法国在2017～2020年四年均排名第3～5，相对于美国的比例变化较小。

表13.2 十一大学科领域整体层面的Top5国家2017年、2018年、2019年和2020年研究前沿热度指数得分

国家	2017年 得分	2017年 相对比例/%	2018年 得分	2018年 相对比例/%	2019年 得分	2019年 相对比例/%	2020年 得分	2020年 相对比例/%
美国	281.11	100.00	227.39	100.00	204.89	100.00	226.63	100.00
中国	118.84	42.28	118.38	52.06	139.68	68.18	151.29	66.76
英国	96.90	34.47	78.62	34.57	80.85	39.46	77.81	34.33
德国	90.98	32.36	75.12	33.04	67.52	32.95	73.86	32.59
法国	60.08	21.37	51.20	22.52	46.30	22.60	45.71	20.17

13.2.2 美国7领域领先优势明显，中国4领域表现突出但短板依旧

分领域比较来看，美国除了农业科学、植物学和动物学领域，化学与材料科学领域，数学领域和信息科学领域之外，在其他7个领域的研究前沿热度指数得分均排名第1，领先优势明显（表13.3）。中国在农业科学、植物学和动物学领域，化学与材料科学领域，数学领域和信息科学领域这4个领域排名第1，在生态与环境科学领域、物理学领域和经济学、心理学及其他社会科学领域这3个领域排名第2，表现突出，在生物科学领域和地球科学领域分别排名第3和第5，但在临床医学领域和天文学与天体物理学领域仅分别排名第12和第8，短板依旧明显。

在十一大学科领域的110个热点前沿和38个新兴前沿中，美国研究前沿热度指数排名第1的前沿为79个，占全部148个前沿的53.38%。中国排名第1的前沿数为42个，约占28.38%。英国有10个前沿排名第1，德国有4个前沿排名第1，法国有1个前沿排名第1（表13.4）。

表 13.3 十一大学科领域整体及分领域层面的 Top20 国家研究前沿热度指数得分及排名

国家	十一大学科领域 得分	排名	农业科学、植物学和动物学 得分	排名	生态与环境科学 得分	排名	地球科学 得分	排名	临床医学 得分	排名	生物科学 得分	排名	化学与材料科学 得分	排名	物理学 得分	排名	天文学与天体物理学 得分	排名	数学 得分	排名	信息科学 得分	排名	经济学、心理学及其他社会科学 得分	排名
美国	226.63	1	7.90	2	15.38	1	22.74	1	53.27	1	37.28	1	14.73	2	19.14	1	23.23	1	10.42	2	9.27	2	13.27	1
中国	151.29	2	15.16	1	11.92	2	5.55	5	7.10	12	12.87	3	39.49	1	12.43	2	6.80	8	15.98	1	14.97	1	9.03	2
英国	77.81	3	4.84	3	3.30	6	6.29	3	19.95	2	13.92	2	1.88	6	3.36	6	12.35	3	0.98	13	4.77	3	6.17	3
德国	73.86	4	3.47	7	4.47	3	6.14	4	17.89	3	10.22	4	2.81	4	6.22	4	14.95	2	2.01	6	1.52	11	4.15	4
法国	45.71	5	2.28	11	2.68	8	6.67	2	12.13	4	2.80	18	1.13	11	2.68	9	11.47	4	0.42	24	1.57	10	1.88	12
加拿大	44.04	6	3.70	6	2.55	9	5.05	6	10.37	5	6.26	7	0.91	13	2.47	11	5.28	12	1.28	12	3.83	4	2.35	9
澳大利亚	41.71	7	2.77	9	3.44	5	3.24	9	10.10	6	7.91	5	1.60	7	1.43	17	5.86	10	0.51	19	2.23	6	2.63	8
荷兰	41.06	8	1.48	15	2.46	10	3.24	8	9.38	7	7.34	6	1.22	9	2.85	8	9.07	6	0.41	25	0.45	21	3.14	6
意大利	38.09	9	3.93	4	1.62	14	2.83	10	7.95	9	5.67	9	0.58	16	2.94	7	9.58	5	0.47	22	0.51	19	2.02	11
西班牙	37.80	10	3.91	5	1.76	11	3.57	7	8.12	8	4.43	11	0.42	18	2.34	12	8.84	7	0.58	17	0.55	16	3.26	5
瑞士	33.83	11	0.96	20	2.91	7	2.82	11	7.54	11	5.29	10	0.84	14	3.75	5	6.48	9	0.53	18	1.74	9	0.97*	18
日本	29.53	12	1.24	17	0.91	21	2.05	14	7.68	10	1.70	23	1.16	10	6.34	3	5.85	11	0.28	30	1.35	12	0.97*	19
印度	22.58	13	2.31	10	3.91	4	1.61	16	2.16	25	2.18	22	1.05	12	1.04	19	3.28	21	1.33	11	2.03	7	1.68	13
瑞典	22.47	14	0.21	42	1.67	13	1.33	17	5.18	14	6.05	8	0.22	21	1.78	14	4.47	14	0.12	42	0.25	29	1.21	16
韩国	21.79	15	1.59	14	0.98	19	1.23	20	3.90	19	2.56	19	2.14	5	2.32	13	3.46	19	0.76	16	1.87	8	0.98	17
丹麦	17.57	16	0.60	27	0.87	22	1.16	21	6.99	13	3.58	14	0.09	28	0.49	27	2.58	23	0.09	46	0.88	14	0.25	36
巴西	17.38	17	1.65	13	0.59	26	0.34	32	5.15	15	1.28	28	0.07	32	1.40	18	3.76	18	0.16	39	0.17	35	2.79	7
比利时	15.58	18	1.32	16	0.77	24	1.06	22	3.68	20	3.31	15	0.10	27	0.45	30	4.07	16	0.13	41	0.14	36	0.56	23
俄罗斯	13.44	19	0.93	21	0.49	28	0.77	27	3.59	21	0.82	32	0.16	22	1.68	15	2.98	22	1.69	7	0.20	32	0.14	47
波兰	13.27	20	1.08	19	0.37	32	0.10	42	4.00	18	1.37	26	0.08	30	0.91	20	4.77	13	0.32	29	0.08	40	0.19	43

注：标记 * 的两个数字实际并不相同，只是四舍五入保留两位小数后显示相同，所以排名并不同。后面的表格中也有同样的情况，不再一一注解

80

在十一大学科领域中，中国在化学与材料科学领域、信息科学领域、数学领域和农业科学、植物学和动物学领域等4个领域排名第1，前沿数分别为14个、6个、5个和5个，占比分别为87.50%、60.00%、50.00%和45.45%，表现最为活跃。在生态与环境科学领域，中国有4个前沿排名第1；在生物科学领域，中国有3个前沿排名第1；在物理学领域和经济学、心理学及其他社会科学领域这两个领域，中国分别有2个前沿排名第1；在地球科学领域，中国有1个前沿排名第1；在临床医学领域和天文学与天体物理学领域，中国没有排名第1的研究前沿。

与中国相反，美国在化学与材料科学领域、数学领域、信息科学领域，以及农业科学、植物学和动物学领域排名第1的前沿较少，不高于20%，这4个领域却是中国高度活跃的优势领域。

美国在天文学与天体物理学领域、物理学领域、临床医学领域、生物科学领域和地球科学领域等5个领域排名第1的前沿数均在70%以上，这5个领域是美国的优势领域。

美国在生态与环境科学领域和经济学、心理学及其他社会科学领域这两个领域前沿排名第1，分别占比45.45%和46.15%。

美国和中国排名第1的前沿占148个前沿的约80%，英国和德国的总和约占10%，其他10%则由11个国家共享。

表13.4 十一大学科领域整体层面的Top5国家在148个研究前沿中国家研究前沿热度指数得分排名第1的研究前沿数量和比例

领域	研究前沿数/个	排名第1前沿数/个					比例/%				
		美国	中国	英国	德国	法国	美国	中国	英国	德国	法国
十一大学科领域综合	148	79	42	10	4	1	53.38	28.38	6.76	2.70	0.68
农业科学、植物学和动物学	11	1	5	2	0	0	9.09	45.45	18.18	0.00	0.00
生态与环境科学	11	5	4	1	0	0	45.45	36.36	9.09	0.00	0.00
地球科学	11	8	1	0	1	0	72.73	9.09	0.00	9.09	0.00
临床医学	24	19	0	3	0	1	79.17	0.00	12.50	0.00	4.17
生物科学	19	15	3	0	0	0	78.95	15.79	0.00	0.00	0.00
化学与材料科学	16	1	14	0	1	0	6.25	87.50	0.00	6.25	0.00
物理学	12	10	2	0	0	0	83.33	16.67	0.00	0.00	0.00
天文学与天体物理学	11	10	0	0	1	0	90.91	0.00	0.00	9.09	0.00
数学	10	2	5	1	0	0	20.00	50.00	10.00	0.00	0.00
信息科学	10	2	6	1	0	0	20.00	60.00	10.00	0.00	0.00
经济学、心理学及其他社会科学	13	6	2	3	0	0	46.15	15.38	23.08	0.00	0.00

从排名前 3 的前沿数来看，美国大多数的前沿均排名前 3（130 个，占研究前沿总数的 87.84%）。中国有接近一半的前沿排名前 3（72 个，占研究前沿总数的 48.65%），英国和德国在这个方面比较接近，分别有 40 个和 38 个前沿排名前 3（分别占研究前沿总数的 27.03% 和 25.68%）（表 13.5）。

表 13.5 十一大学科领域整体层面的 Top5 国家在 148 个研究前沿中国家研究前沿热度指数排名前 3 的研究前沿数量和比例

领域	研究前沿数/个	前 3 名前沿数/个					比例/%				
		美国	中国	英国	德国	法国	美国	中国	英国	德国	法国
十一大学科领域综合	148	130	72	40	38	16	87.84	48.65	27.03	25.68	10.81
农业科学、植物学和动物学	11	9	8	2	1	0	81.82	72.73	18.18	9.09	0.00
生态与环境科学	11	9	8	1	2	2	81.82	72.73	9.09	18.18	18.18
地球科学	11	9	2	3	5	4	81.82	18.18	27.27	45.45	36.36
临床医学	24	23	4	10	7	5	95.83	16.67	41.67	29.17	20.83
生物科学	19	17	6	9	6	0	89.47	31.58	47.37	31.58	0.00
化学与材料科学	16	15	16	0	4	1	93.75	100.00	0.00	25.00	6.25
物理学	12	12	9	1	3	0	100.00	75.00	8.33	25.00	0.00
天文学与天体物理学	11	11	0	5	7	3	100.00	0.00	45.45	63.64	27.27
数学	10	6	5	1	1	0	60.00	50.00	10.00	10.00	0.00
信息科学	10	9	9	2	0	0	90.00	90.00	20.00	0.00	0.00
经济学、心理学及其他社会科学	13	10	5	6	2	1	76.92	38.46	46.15	15.38	7.69

分领域来看，在 11 个领域中美国排名前 3 的前沿占比均超过 60%，也就是说美国在所有领域均保持领先优势。美国在物理学领域和天文学与天体物理学领域排名前 3 的前沿占比 100%；在生物科学领域、临床医学领域、化学与材料科学领域和信息科学领域等 4 个领域占比接近 90% 或以上；农业科学、植物学和动物学领域、生态与环境科学领域和地球科学领域的占比均为 81.82%；经济学、心理学及其他社会科学领域的占比为 76.92%；最低的是数学领域，占比为 60.00%。

中国在数学领域排名前 3 的前沿占比为 50.00%，也就是说中国在数学领域有一半的前沿排名前 3。图 13.3 以数学领域为中间点，中国在右边 5 个领域有超过一半的前沿排名前 3，左边 5 个领域排名前 3 的前沿都低于一半。

右边 5 个领域中，在化学与材料科学领域中国全部的前沿均排名前 3，在信息科学领域中国 90.00% 的前沿排名前 3，在农业科学、植物学和动物学领域以及生态与环境科学领域和物理学领域中国72.73%、72.73%和75.00%的前沿排名前3。

左边5个领域中，中国在经济学、心理学及其他社会科学领域和生物科学领域分别有38.46%和31.58%的前沿排名前3，在地球科学领域和临床医学领域分别有18.18%和16.67%的前沿排名前3，在天文学与天体物理学领域没有前沿排名前3（图13.3）。

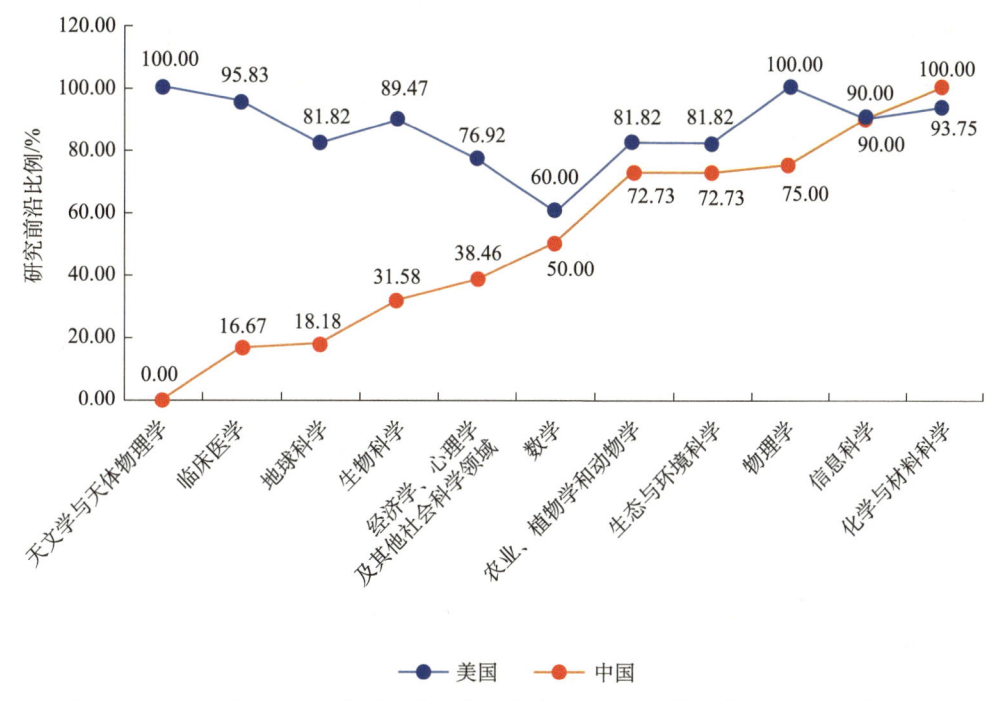

图13.3 中国和美国在148个前沿中国家研究前沿热度指数排名前3名的研究前沿比例

英国在天文学与天体物理学领域、临床医学领域、生物科学领域和经济学、心理学及其他社会科学领域这4个领域排名前3的前沿占比为40.00%~50.00%。在地球科学领域，英国27.27%的前沿排名前3（图13.4）。这5个领域恰是中国相对较弱的领域。英国在其他6个领域排名前3的前沿占比均不高于20.00%，其中化学与材料科学领域英国没有排名前3的前沿。

德国在天文学与天体物理学领域排名前3的研究前沿比例最高，为63.64%。其次为地球科学领域，45.45%的前沿排名前3。在生物科学、临床医学领域、物理学领域和化学与材料科学领域这4个领域德国排名前3的前沿占比为25.00%~31.58%。其他5个前沿占比在20%以下，其中信息科学领域德国没有排名前3的前沿。

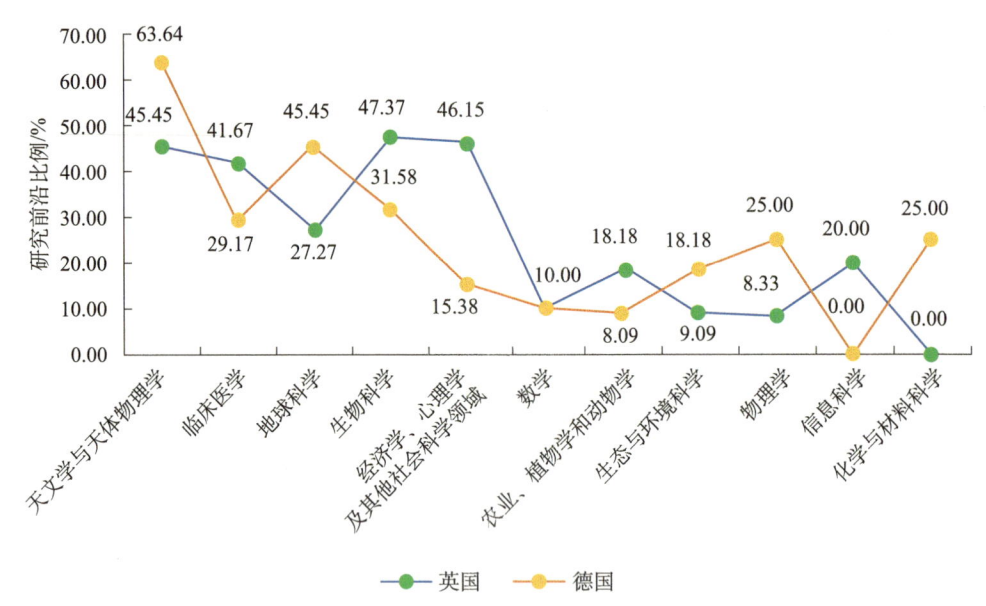

图 13.4 英国和德国在 148 个前沿中国家研究前沿热度指数排名前 3 名的研究前沿比例

13.3 国家研究前沿热度指数分领域分析

细观各国在具体研究前沿热度指数的得分和排名，探讨各国特定领域和特定研究前沿的活跃程度，发现各国科技创新活力来源于基础研究竞争优势。

13.3.1 农业科学、植物学和动物学领域：中国实力增强成为第 1，美国第 2，英国、意大利和西班牙分列第 3、第 4 和第 5

在农业科学、植物学和动物学领域，中国的研究前沿热度指数得分为 15.16，排名第 1，表现最活跃。美国得分为 7.90，排名第 2。英国得分为 4.84，排名第 3。其次是意大利和西班牙。中国、美国和英国在 7 个指标上均排名一致，均是中国排名第 1，美国排名第 2。意大利和西班牙在几个指标上排名略有波动（表 13.6）。

表 13.6 农业科学、植物学和动物学领域 Top5 国家研究前沿热度指数及分指标得分与排名

指标名称	得分					排名				
	中国	美国	英国	意大利	西班牙	中国	美国	英国	意大利	西班牙
国家研究前沿热度指数	15.16	7.90	4.84	3.93	3.91	1	2	3	4	5
国家贡献度	8.97	3.88	2.56	2.09	2.02	1	2	3	4	5

续表

指标名称	得分					排名				
	中国	美国	英国	意大利	西班牙	中国	美国	英国	意大利	西班牙
国家核心论文贡献度	4.53	2.31	1.86	1.41	1.44	1	2	3	6	5
国家施引论文贡献度	4.44	1.57	0.70	0.68	0.58	1	2	3	4	6
国家影响度	6.19	4.02	2.28	1.84	1.89	1	2	3	5	4
国家核心论文影响度	4.41	3.08	1.74	1.48	1.59	1	2	3	5	4
国家施引论文影响度	1.77	0.94	0.54	0.36	0.31	1	2	3	7	9

在该领域的11个前沿中，中国在热点前沿1、2、3、4和新兴前沿1这5个前沿的研究前沿热度指数得分排名第1。美国只在热点前沿8排名第1。英国则在热点前沿6和7排名第1。意大利在热点前沿10排名第1。西班牙在热点前沿5排名第1（表13.7、表13.8）。

排名前3的前沿，美国9个，中国8个，英国和意大利各3个，西班牙2个。中国在热点前沿5排名第2，在热点前沿6和9排名第3。美国在热点前沿9和10排名分别为第11和第4，在热点前沿8排名第1，其他9个前沿均排名第2~3（表13.8）。

表13.7 农业科学、植物学和动物学领域热点前沿和新兴前沿基本信息

类型和序号	前沿名称	核心论文/篇	被引频次/次	核心论文平均出版年
热点前沿1	不同加工处理方法对粮食淀粉结构和功能特性的影响	20	669	2018
热点前沿2	果蔬干燥方法及其对干制品品质的影响	23	725	2017.8
热点前沿3	猪圆环病毒3型的鉴定与遗传特征分析	20	863	2017.7
热点前沿4	食品智能包装薄膜的制备与表征	22	905	2017.6
热点前沿5	植物中一氧化氮生理作用的调控机理	24	962	2017.4
热点前沿6	光诱导气孔动力学对光合作用和水分利用效率的影响	18	1344	2017.3
热点前沿7	小麦基因组和转录组研究	9	967	2017.3
热点前沿8	植物提取物及其治疗作用研究	15	946	2017.2
热点前沿9	生物和金属氧化物纳米粒子对作物生长和镉吸收的影响	18	1426	2017.1
热点前沿10	昆虫粉作为新型可再生动物饲料资源的开发和利用	35	1888	2017
新兴前沿1	可降解废弃物资源化利用生物学调控技术及机制研究	5	81	2019

表 13.8 农业科学、植物学和动物学领域 Top5 国家 11 个前沿的国家研究前沿热度指数及排名

前沿	国家研究前沿热度指数					排名				
	中国	美国	英国	意大利	西班牙	中国	美国	英国	意大利	西班牙
领域汇总	15.16	7.90	4.84	3.93	3.91	1	2	3	4	5
热点前沿 1	2.60	0.52	0.03	0.03	0.04	1	3	12	15	10
热点前沿 2	2.17	0.59	0.03	0.06	0.01	1	3	20	17	26
热点前沿 3	1.69	0.47	0.06	0.29	0.26	1	2	11	3	4
热点前沿 4	1.24	0.32	0.19	0.20	0.30	1	3	7	6	4
热点前沿 5	0.87	0.66	0.21	0.05	1.35	2	3	7	16	1
热点前沿 6	0.75	1.45	1.91	0.05	0.08	3	2	1	14	10
热点前沿 7	1.37	1.91	1.97	0.80	0.50	4	2	1	10	15
热点前沿 8	0.18	1.53	0.31	0.99	0.84	16	1	10	3	6
热点前沿 9	0.87	0.13	0.03	0.04	0.03	3	11	18	16	19
热点前沿 10	0.13	0.26	0.07	1.43	0.48	10	4	18	1	2
新兴前沿 1	3.29	0.05	0.03	—	0.03	1	3	4	—	7

注：相应序号的热点前沿和新兴前沿的前沿名称等基本信息见表 13.7；"—"表示某国在某前沿没有贡献，因此不参与排名，后同

13.3.2 生态与环境科学领域：美国领先，中国位居第 2，德国、印度和澳大利亚分列第 3、第 4 和第 5

在生态与环境科学领域，美国的研究前沿热度指数得分为 15.38，排名第 1，表现最活跃。中国得分为 11.92，排名第 2。德国得分为 4.47，排名第 3，与前两名的得分差距显著。印度和澳大利亚分别排名第 4 和第 5。中国和美国在 6 个指标上均排名一致，均是美国第 1，中国第 2，只有国家施引论文份额中国排名第 1，美国排名第 2。结果显示，在该领域，与美国相比，中国开展了更多的跟进研究，但较高影响力的重要成果方面仍不及美国（表 13.9）。

表 13.9 生态与环境科学领域 Top5 国家研究前沿热度指数及分指标得分与排名

指标名称	得分					排名				
	美国	中国	德国	印度	澳大利亚	美国	中国	德国	印度	澳大利亚
国家研究前沿热度指数	15.38	11.92	4.47	3.91	3.44	1	2	3	4	5
国家贡献度	8.35	7.14	2.04	2.23	1.80	1	2	4	3	5
国家核心论文贡献度	5.12	3.46	1.31	1.22	1.11	1	2	3	4	5
国家施引论文贡献度	3.23	3.68	0.72	1.00	0.68	2	1	5	3	6
国家影响度	7.03	4.78	2.44	1.68	1.64	1	2	3	4	5
国家核心论文影响度	5.48	3.46	1.99	1.33	1.29	1	2	3	5	6
国家施引论文影响度	1.55	1.31	0.45	0.35	0.35	1	2	3	5	6

在该领域 11 个前沿中，美国在热点前沿 1、4、6、7 和 10 的研究前沿热度指数得分均排名第 1。中国在热点前沿 2、5、8 和 9 排名第 1。印度在新兴前沿 1 上排名第 1（表 13.10、表 13.11）。

中国在热点前沿 1、6、10 和新兴前沿 1 等 4 个前沿上排名第 2~3。美国在热点前沿 2、5、8 和 9 等 4 个前沿上排名第 2~3。德国在热点前沿 5 和 7 上均排名第 3。澳大利亚在热点前沿 3 和 4 上均排名第 2（表 13.11）。

表 13.10 生态与环境科学领域热点前沿和新兴前沿基本信息

类型和序号	前沿名称	核心论文 / 篇	被引频次 / 次	核心论文平均出版年
热点前沿 1	污水处理厂中微塑料污染的发生、归趋、检测与消除	16	1292	2017.4
热点前沿 2	电容去离子技术及在海水淡化中的应用	23	1991	2017.1
热点前沿 3	全球尺度外来物种入侵的评估、影响与管理	34	2751	2017
热点前沿 4	森林火灾的趋势、影响因素与森林更新机制	15	1786	2016.9
热点前沿 5	天气模式和边界层结构对大气气溶胶污染的影响	12	963	2016.8
热点前沿 6	全球汞排放的时空特征与趋势	19	1557	2016.5
热点前沿 7	生态位模型及开发工具	17	2491	2016.4
热点前沿 8	微生物种间电子转移的机理及应用	18	1909	2016.4
热点前沿 9	厌氧氧化技术及在污水处理中的应用	28	2799	2016.3
热点前沿 10	全氟化合物的环境行为与毒理研究	14	1322	2016.3
新兴前沿 1	生物柴油中混合组分和添加剂对柴油机性能和排放的影响	14	208	2018.9

表 13.11 生态与环境科学领域 Top5 国家 11 个前沿的国家研究前沿热度指数及排名

| 前沿 | 国家研究前沿热度指数 ||||| 排名 |||||
	美国	中国	德国	印度	澳大利亚	美国	中国	德国	印度	澳大利亚
领域汇总	15.38	11.92	4.47	3.91	3.44	1	2	3	4	5
热点前沿 1	0.65	0.52	0.37	0.02	0.31	1	2	5	23	7
热点前沿 2	0.77	1.51	0.45	0.07	0.56	2	1	7	11	5
热点前沿 3	1.28	0.45	1.20	0.21	1.49	4	17	5	24	2
热点前沿 4	3.08	0.07	0.07	0.01	0.47	1	8	7	32	2
热点前沿 5	1.83	3.20	0.58	0.35	0.03	2	1	3	5	13
热点前沿 6	1.98	1.49	0.41	0.03	0.04	1	2	5	21	18
热点前沿 7	2.08	0.21	0.51	0.02	0.25	1	11	3	30	7
热点前沿 8	1.62	1.84	0.08	0.02	0.07	2	1	7	16	8
热点前沿 9	0.50	1.67	0.44	0.08	0.17	3	1	4	16	8
热点前沿 10	1.60	0.87	0.36	0.02	0.06	1	3	6	19	10
新兴前沿 1	—	0.10	—	3.08	—		3	—	1	—

注：相应序号的热点前沿和新兴前沿的前沿名称等基本信息见表 13.10

13.3.3 地球科学领域：美国表现最为活跃，法国、英国、德国和中国分列第2~5，4国与美国有较大差距

在地球科学领域，美国的研究前沿热度指数得分为22.74，排名第1，远超其他国家。法国、英国和德国得分分别为6.67、6.29和6.14，分别排名第2~4，得分与美国有较大差距。中国研究前沿热度指数得分为5.55，排名第5。美国在7个指标上均排名第1，其他4个国家各指标排名均不完全一致（表13.12）。

表 13.12 地球科学领域Top5国家研究前沿热度指数及分指标得分与排名

指标名称	得分 美国	得分 法国	得分 英国	得分 德国	得分 中国	排名 美国	排名 法国	排名 英国	排名 德国	排名 中国
国家研究前沿热度指数	22.74	6.67	6.29	6.14	5.55	1	2	3	4	5
国家贡献度	12.73	3.74	3.64	3.45	3.68	1	2	4	5	3
国家核心论文贡献度	7.78	2.54	2.13	2.01	1.33	1	2	3	4	6
国家施引论文贡献度	4.95	1.20	1.51	1.43	2.35	1	5	3	4	2
国家影响度	10.01	2.93	2.65	2.70	1.87	1	2	4	3	6
国家核心论文影响度	7.82	2.30	1.82	2.09	1.21	1	2	5	3	7
国家施引论文影响度	2.19	0.63	0.83	0.61	0.66	1	4	2	5	3

在该领域11个研究前沿中，美国在热点前沿4~10和新兴前沿1等8个前沿的国家研究前沿热度指数得分均排名第1，表现出超群的实力。美国在热点前沿3排名第2（表13.13、表13.14）。

中国在热点前沿3排名第1，在热点前沿1排名第2，其他前沿均排名靠后。法国在热点前沿2、4、6和10上排名第2~3。英国在热点前沿5、9和10等3个前沿上排名第2~3。德国在热点前沿2排名第1，在热点前沿5、7、8和9排名第2~3（表13.14）。

表 13.13 地球科学领域热点前沿和新兴前沿基本信息

类型和序号	前沿名称	核心论文/篇	被引频次/次	核心论文平均出版年
热点前沿1	利用机器学习方法分析滑坡敏感性	47	1580	2018.3
热点前沿2	全球冰川物质平衡变化及影响分析	18	1188	2017.4
热点前沿3	天然气水合物成藏特征和开采工艺研究	36	2179	2017.3
热点前沿4	海洋亚中尺度动力过程及观测研究	17	1057	2017.2
热点前沿5	"哨兵"和Landsat系列卫星反射率数据产品性能分析	13	1198	2017.1
热点前沿6	"土壤湿度主动-被动测量"和"土壤湿度和海洋盐度"卫星数据产品的比较验证	16	1134	2017.1
热点前沿7	流体注入引发的地震活动研究	24	1909	2016.8

续表

类型和序号	前沿名称	核心论文/篇	被引频次/次	核心论文平均出版年
热点前沿 8	基于卫星数据分析日光诱导叶绿素荧光与植被光合作用的关系	26	2141	2016.6
热点前沿 9	北大西洋经向翻转环流的观测研究	11	1068	2016.5
热点前沿 10	利用好奇号开展盖尔陨石坑的岩石矿物学研究	24	2580	2016
新兴前沿 1	印度尼西亚火山喷发预测模型研究	7	134	2018.6

表 13.14　地球科学领域 Top5 国家 11 个前沿的国家研究前沿热度指数及排名

前沿	国家研究前沿热度指数					排名				
	美国	法国	英国	德国	中国	美国	法国	英国	德国	中国
领域汇总	22.74	6.67	6.29	6.14	5.55	1	2	3	4	5
热点前沿 1	0.40	0.01	0.03	0.02	1.54	9	29	20	23	2
热点前沿 2	0.91	0.97	0.59	1.15	0.50	4	3	7	1	9
热点前沿 3	1.03	0.07	0.35	0.26	1.09	2	16	6	7	1
热点前沿 4	2.94	0.99	0.35	0.24	0.18	1	2	4	7	8
热点前沿 5	2.56	0.31	0.40	0.38	0.36	1	5	2	3	4
热点前沿 6	2.81	1.39	0.29	0.35	0.50	1	2	16	15	12
热点前沿 7	1.97	0.25	0.27	0.38	0.13	1	6	5	3	10
热点前沿 8	2.37	0.44	0.16	1.77	0.75	1	9	13	2	4
热点前沿 9	2.41	0.49	1.84	0.96	0.41	1	5	2	3	6
热点前沿 10	2.85	1.61	1.50	0.47	0.05	1	2	3	7	17
新兴前沿 1	2.48	0.13	0.50	0.17	0.04	1	7	4	6	16

注：相应序号的热点前沿和新兴前沿的前沿名称等基本信息见表 13.13

13.3.4　临床医学领域：美国遥遥领先，英国、德国、法国和加拿大位列第 2~5，中国排名第 12

在临床医学领域，美国的国家研究前沿热度指数得分为 53.27，遥遥领先于其他国家。英国和德国得分分别为 19.95 和 17.89，排名第 2~3。法国和加拿大得分分别为 12.13 和 10.37，排名第 4~5。中国得分为 7.10，排名第 12，在该领域与其他强国有显著差距。美国在 7 个指标上均排名第 1，英国、德国和法国在国家研究前沿热度指数、国家贡献度和国家影响度等 3 个指标上排名均一致，在子指标上的排名略有差异。

中国在各个指标上排名略有变化，国家研究前沿热度指数排在第 12 名，其中，国家贡献度排名第 7，国家影响度排名第 15，显示出中国在研究前沿论文产出的排名大于影响力。国家施引论文份额排名在第 3，显示中国在积极跟进相关研究，但国家核心论文份额和国家核心论文被引频次份额排名却仅仅分别在第 14 和 18，表明中国在该领域仍缺少有较高影响力的重要成果（表 13.15）。

表 13.15 临床医学领域 Top5 国家 + 中国研究前沿热度指数及分指标得分与排名

指标名称	得分 美国	英国	德国	法国	加拿大	中国	排名 美国	英国	德国	法国	加拿大	中国
国家研究前沿热度指数	53.27	19.95	17.89	12.13	10.37	7.10	1	2	3	4	5	12
国家贡献度	27.25	9.68	8.91	5.82	4.45	4.50	1	2	3	4	9	7
国家核心论文贡献度	16.77	7.06	6.15	4.06	3.22	1.85	1	2	3	4	7	14
国家施引论文贡献度	10.47	2.63	2.75	1.76	1.23	2.66	1	4	2	6	8	3
国家影响度	26.03	10.27	8.98	6.30	5.92	2.60	1	2	3	4	5	15
国家核心论文影响度	17.68	7.20	6.20	4.25	4.31	1.36	1	2	3	5	4	18
国家施引论文影响度	8.35	3.07	2.78	2.06	1.61	1.24	1	2	3	4	5	8

在该领域的 24 个研究前沿中，美国保持绝对领先优势，在 19 个研究前沿的研究前沿热度指数得分均排名第 1；只在热点前沿 1 和 3 上排名第 2，在热点前沿 6 和 7 上排名第 3，在新兴前沿 10 上排名第 4。

英国在 3 个前沿即热点前沿 3、7 和新兴前沿 10 上排名第 1。在热点前沿 2、8 和新兴前沿 1、5、6、7、11 等 7 个前沿上排名 2~3。德国在热点前沿 4、5、8 和新兴前沿 1、2、8、12 等 7 个前沿上排名第 2~3。法国在热点前沿 1 排名第 1，在热点前沿 2、10 和新兴前沿 6、12 等 4 个前沿上排名第 2~3（表 13.16、表 13.17）。

加拿大在热点前沿 1 和新兴前沿 7、13 等 3 个前沿上排名第 2~3。中国在该领域的热度指数排名为第 12，多数前沿均排名靠后，但在热点前沿 4 和新兴前沿 5、9 排名第 2，在新兴前沿 14 排名第 3（表 13.17）。

表 13.16 临床医学领域热点前沿和新兴前沿基本信息

类型和序号	前沿名称	核心论文 / 篇	被引频次 / 次	核心论文平均出版年
热点前沿 1	肿瘤免疫治疗超进展现象	13	1466	2017.8
热点前沿 2	急性髓系白血病分子靶向治疗	12	1432	2017.7
热点前沿 3	供体肝机械灌注保存	27	1574	2017.6
热点前沿 4	人工智能与深度学习在眼科领域应用	21	3353	2017.5
热点前沿 5	白细胞介素单抗治疗中重度特应性皮炎	18	2100	2017.4
热点前沿 6	生物类似药与原研药可互换性	33	2053	2017.4
热点前沿 7	血液神经丝轻链蛋白作为神经系统疾病生物标志物	26	2404	2017.2

续表

类型和序号	前沿名称	核心论文/篇	被引频次/次	核心论文平均出版年
热点前沿 8	CGRP 单抗新药用于偏头痛预防性治疗	27	2187	2017.2
热点前沿 9	阿尔茨海默病 tau 蛋白 PET 影像诊断	42	4114	2017
热点前沿 10	肿瘤免疫检查点抑制剂治疗相关不良反应管理	39	3793	2017
新兴前沿 1	口服 GLP-1RA 药索马鲁肽：2 型糖尿病治疗新选择	8	211	2019
新兴前沿 2	不适合强化治疗的急性髓系白血病患者联合治疗方案	3	203	2019
新兴前沿 3	循环肿瘤细胞参与肿瘤转移机制	4	142	2019
新兴前沿 4	新生抗原疫苗免疫治疗胶质母细胞瘤	2	131	2019
新兴前沿 5	PARP 抑制剂抗癌及联合免疫疗法抗癌	7	125	2019
新兴前沿 6	免疫联合疗法治疗肾细胞癌	4	787	2018.8
新兴前沿 7	依鲁替尼联合疗法治疗慢性淋巴细胞白血病	6	234	2018.8
新兴前沿 8	肠道微生物与自身免疫性疾病关系	4	132	2018.8
新兴前沿 9	靶向 BCMA 的多发性骨髓瘤 CAR-T 疗法	6	204	2018.7
新兴前沿 10	转移性前列腺癌放疗效益	3	158	2018.7
新兴前沿 11	噬菌体与炎性肠疾病关系	6	135	2018.7
新兴前沿 12	深度学习识别皮肤肿瘤	9	297	2018.6
新兴前沿 13	乙肝病毒阳性捐赠者器官移植	9	276	2018.6
新兴前沿 14	卷积神经网络内窥镜实时识别胃肠道肿瘤	9	241	2018.6

表 13.17 临床医学领域 Top5 国家 + 中国 24 个前沿的研究前沿热度指数及排名

前沿	研究前沿热度指数						排名					
	美国	英国	德国	法国	加拿大	中国	美国	英国	德国	法国	加拿大	中国
领域汇总	53.27	19.95	17.89	12.13	10.37	7.10	1	2	3	4	5	12
热点前沿 1	1.61	0.24	0.14	1.62	0.74	0.18	2	9	13	1	3	11
热点前沿 2	3.03	1.06	0.87	1.36	0.61	0.28	1	3	5	2	6	10
热点前沿 3	1.08	1.48	0.63	0.41	0.58	0.49	1	1	3	10	6	9
热点前沿 4	2.28	0.46	0.51	0.20	0.07	0.84	1	4	3	10	17	2
热点前沿 5	2.66	0.88	1.46	0.67	0.81	0.04	1	4	2	6	5	20
热点前沿 6	0.66	0.64	0.60	0.23	0.14	0.06	3	4	5	18	26	35
热点前沿 7	1.20	1.97	0.71	0.33	0.15	0.10	3	1	5	9	15	18
热点前沿 8	2.22	1.14	0.65	0.16	0.04	0.08	1	2	5	8	20	14
热点前沿 9	2.24	0.38	0.41	0.18	0.27	0.10	1	5	4	12	6	16
热点前沿 10	1.94	0.17	0.39	0.55	0.05	0.09	1	7	4	2	14	11
新兴前沿 1	3.05	2.13	2.10	0.30	1.45	0.02	1	2	3	29	6	41

续表

前沿	研究前沿热度指数						排名					
	美国	英国	德国	法国	加拿大	中国	美国	英国	德国	法国	加拿大	中国
新兴前沿 2	3.03	0.54	1.26	0.07	0.66	0.10	1	6	3	11	4	9
新兴前沿 3	1.35	0.13	0.43	0.34	0.01	0.27	1	8	5	6	22	7
新兴前沿 4	2.81	1.09	1.22	0.08	0.07	0.32	1	5	4	11	12	9
新兴前沿 5	3.04	0.88	0.46	0.33	0.03	0.99	1	3	4	9	13	2
新兴前沿 6	3.08	2.42	2.40	2.55	1.95	0.62	1	3	4	2	6	17
新兴前沿 7	2.87	1.30	0.75	0.69	1.55	0.06	1	3	7	8	2	19
新兴前沿 8	2.57	0.15	0.51	0.50	0.17	0.35	1	10	3	4	8	6
新兴前沿 9	2.55	0.01	0.17	0.10	0.04	0.88	1	16	5	7	11	2
新兴前沿 10	0.97	2.15	0.14	0.17	0.22	0.06	4	1	9	8	6	12
新兴前沿 11	2.39	0.42	0.20	0.20	0.11	0.42	1	3	8	7	11	4
新兴前沿 12	1.86	0.06	1.79	0.79	0.21	0.14	1	20	2	3	11	19
新兴前沿 13	3.29	0.06	0.02	0.05	0.09	0.01	1	4	10	6	2	15
新兴前沿 14	1.49	0.15	0.08	0.25	0.36	0.61	1	8	10	7	4	3

注：相应序号的热点前沿和新兴前沿的前沿名称等基本信息见表 13.16

13.3.5 生物科学领域：美国领先优势明显，英国排名第 2，中国、德国和澳大利亚位列第 3~5

在生物科学领域，美国的研究前沿热度指数得分为 37.28，排名第 1，是第 2 名英国的约 2.7 倍，领先优势明显。英国和中国得分相当，分别为 13.92 和 12.87，排名第 2 和第 3。德国和澳大利亚得分分别为 10.22 和 7.91。美国在 7 个指标上的排名完全一致，英国、中国、德国和澳大利亚在几个指标上的排名有所变化（表 13.18）。

表 13.18　生物科学领域 Top5 国家研究前沿热度指数及分指标得分与排名

指标名称	得分					排名				
	美国	英国	中国	德国	澳大利亚	美国	英国	中国	德国	澳大利亚
国家研究前沿热度指数	37.28	13.92	12.87	10.22	7.91	1	2	3	4	5
国家贡献度	19.33	6.42	7.45	4.52	3.63	1	3	2	4	5
国家核心论文贡献度	11.85	4.53	3.50	2.96	2.67	1	2	3	4	5
国家施引论文贡献度	7.48	1.89	3.95	1.56	0.96	1	3	2	4	7
国家影响度	17.95	7.50	5.43	5.70	4.28	1	2	4	3	5
国家核心论文影响度	12.33	5.38	3.40	3.71	3.18	1	2	4	3	5
国家施引论文影响度	5.61	2.12	2.03	2.00	1.10	1	2	3	4	8

生物科学领域的19个研究前沿中,美国在15个前沿的研究前沿热度指数得分排名第1,在热点前沿3和5这2个前沿上排名第2;只有新兴前沿8排名第4,热点前沿8排名第10(表13.19、表13.20)。

英国在热点前沿2、4、5、7和新兴前沿1、3、4、6、9排名第2~3。中国在热点前沿3、5和新兴前沿8等3个前沿上排名第1,在热点前沿6、10和新兴前沿2等3个前沿上排名第2~3。德国在热点前沿4和新兴前沿1、2、6、8、9均排名第3。澳大利亚在热点前沿10上排名第3(表13.20)。

表 13.19 生物科学领域热点前沿和新兴前沿基本信息

类型和序号	前沿名称	核心论文/篇	被引频次/次	核心论文平均出版年
热点前沿 1	多药耐药 auris 假丝酵母菌的分子流行病学分析	41	2460	2017.6
热点前沿 2	星形胶质细胞与神经退行性疾病以及大脑衰老的关系	6	1501	2017.5
热点前沿 3	纳米粒介导的脑内药物传递系统	19	1431	2017.3
热点前沿 4	小分子 PROTACs 对蛋白质的靶向降解	45	4766	2017.2
热点前沿 5	多黏菌素耐药基因的鉴定和表达	9	2569	2017.2
热点前沿 6	肠道微生物与自闭症	20	1542	2017.2
热点前沿 7	神经系统疾病中的淋巴通路	27	3868	2017.1
热点前沿 8	碳酸酐酶抑制剂	48	1645	2018.1
热点前沿 9	氯胺酮抗抑郁作用机制的研究	30	2380	2017.2
热点前沿 10	基于 microRNA 的肿瘤治疗	8	1587	2017
新兴前沿 1	单细胞 RNA 测序技术	6	254	2019
新兴前沿 2	基于 CRISPR 系统的单碱基基因编辑技术的脱靶效应	7	188	2019
新兴前沿 3	人类肠道微生物的新基因组	5	181	2019
新兴前沿 4	抑郁症的全基因组关联荟萃分析	5	503	2018.8
新兴前沿 5	免疫检测点抑制剂激活 T 细胞的机制研究	4	196	2018.8
新兴前沿 6	血脑屏障破坏:人类认知功能障碍的早期生物标志物	4	187	2018.8
新兴前沿 7	病毒特异性记忆 T 细胞植入肿瘤	6	222	2018.7
新兴前沿 8	长链非编码 RNA 调控肿瘤形成研究	7	155	2018.7
新兴前沿 9	阿尔茨海默病的遗传荟萃分析	3	143	2018.7

表 13.20 生物科学领域 Top5 国家 19 个前沿的研究前沿热度指数得分及排名

前沿	研究前沿热度指数					排名				
	美国	英国	中国	德国	澳大利亚	美国	英国	中国	德国	澳大利亚
领域汇总	37.28	13.92	12.87	10.22	7.91	1	2	3	4	5

续表

前沿	研究前沿热度指数					排名				
	美国	英国	中国	德国	澳大利亚	美国	英国	中国	德国	澳大利亚
热点前沿 1	1.24	0.53	0.15	0.08	0.10	1	4	9	18	15
热点前沿 2	2.91	1.23	0.15	0.96	0.86	1	2	7	4	5
热点前沿 3	0.89	0.08	1.44	0.31	0.05	2	11	1	4	13
热点前沿 4	2.40	0.53	0.24	0.32	0.03	1	2	4	3	14
热点前沿 5	1.24	1.21	1.53	0.42	0.09	2	3	1	4	11
热点前沿 6	1.95	0.22	0.36	0.06	0.25	1	5	2	14	4
热点前沿 7	2.33	0.53	0.28	0.26	0.06	1	2	7	8	15
热点前沿 8	0.04	0.00	0.21	0.01	0.01	10	46	4	24	28
热点前沿 9	2.35	0.09	0.28	0.25	0.17	1	10	4	6	7
热点前沿 10	2.11	0.10	0.75	0.09	0.49	1	8	2	9	3
新兴前沿 1	1.81	1.52	0.13	1.10	0.10	1	2	8	3	9
新兴前沿 2	2.35	0.05	2.02	0.62	0.04	1	5	2	3	6
新兴前沿 3	1.71	1.58	0.51	0.21	0.97	1	2	8	10	4
新兴前沿 4	3.17	2.53	0.68	2.21	2.26	1	2	18	5	4
新兴前沿 5	2.54	0.11	0.11	0.15	0.15	1	8	7	5	6
新兴前沿 6	2.94	0.75	0.57	0.69	0.51	1	2	7	3	9
新兴前沿 7	1.89	0.08	0.18	0.16	0.12	1	10	6	7	8
新兴前沿 8	0.08	—	3.17	0.18	—	4	—	1	3	—
新兴前沿 9	3.34	2.79	0.12	2.12	1.63	1	2	22	3	7

注：相应序号的热点前沿和新兴前沿的前沿名称等基本信息见表13.19

13.3.6 化学与材料科学领域：第1名中国的热度指数得分是第2名美国的约2.7倍，中国优势明显；新加坡、德国和韩国分列第3~5名

在化学与材料科学领域，中国的研究前沿热度指数得分为39.49，是美国的约2.7倍，排名第1，具有明显的比较优势。美国得分为14.73，排名第2。与其他国家相比，中国和美国都是该领域的巨头。新加坡、德国和韩国得分分别是3.72、2.81和2.14，排名第3~5。在7个指标上中国和美国始终分列第1名和第2名，新加坡、德国和韩国在几个指标上的排名略有变化（表13.21）。

表13.21 化学与材料科学领域Top5国家研究前沿热度指数及分指标得分与排名

指标名称	得分 中国	得分 美国	得分 新加坡	得分 德国	得分 韩国	排名 中国	排名 美国	排名 新加坡	排名 德国	排名 韩国
国家研究前沿热度指数	39.49	14.73	3.72	2.81	2.14	1	2	3	4	5
国家贡献度	23.01	7.14	1.97	1.40	1.18	1	2	3	4	5
国家核心论文贡献度	12.03	4.82	1.33	0.65	0.49	1	2	3	4	7
国家施引论文贡献度	10.98	2.32	0.63	0.74	0.69	1	2	5	3	4
国家影响度	16.48	7.59	1.75	1.41	0.96	1	2	3	4	5
国家核心论文影响度	11.16	5.75	1.32	0.88	0.49	1	2	3	4	9
国家施引论文影响度	5.31	1.84	0.43	0.54	0.47	1	2	5	3	4

在该领域16个研究前沿中，中国在14个前沿的研究前沿热度指数排名第1，在热点前沿8和新兴前沿3排名第2。美国在新兴前沿3排名第1，在新兴前沿4排名第4，在其他14个前沿均排名第2~3。中美两国在该领域的表现远超其他国家，相对来说中国在该领域的表现更为突出（表13.22、表13.23）。

新加坡在热点前沿6和新兴前沿1、6排名第2~3；德国在热点前沿8排名第1，在热点前沿2、4和新兴前沿2排名第3；韩国在热点前沿5、9和新兴前沿3排名第3（表13.23）。

表13.22 化学与材料科学领域热点前沿和新兴前沿基本信息

类型和序号	前沿名称	核心论文/篇	被引频次/次	核心论文平均出版年
热点前沿1	无铅储能陶瓷	33	2130	2017.9
热点前沿2	近红外二区荧光探针用于生物医学成像	35	3040	2017.8
热点前沿3	对映选择性合成阻旋异构体	35	2412	2017.6
热点前沿4	电化学促进的碳氢键官能团化反应	37	4868	2017.5
热点前沿5	水系锌离子电池正极材料	39	4733	2017.5
热点前沿6	有机室温磷光材料	44	3750	2017.5
热点前沿7	石墨炔研究	25	2329	2017.3
热点前沿8	氮杂环卡宾催化	19	3865	2016.9
热点前沿9	仿生肌肉水凝胶	24	3379	2017
热点前沿10	金属有机框架化合物用于气体分离和纯化	15	2273	2016.9
新兴前沿1	过渡金属磷化物作为电催化剂用于析氢反应	9	213	2019
新兴前沿2	具有聚集诱导发射特性的纳米粒子用于细胞光声成像	7	231	2018.9
新兴前沿3	可生物降解的传感器材料在生物医学领域的应用	6	211	2018.8
新兴前沿4	三元共沸物萃取精馏工艺	9	243	2018.7

续表

类型和序号	前沿名称	核心论文/篇	被引频次/次	核心论文平均出版年
新兴前沿 5	等离子体用于废水处理	18	571	2018.6
新兴前沿 6	可充电的锌空气电池	9	379	2018.6

表 13.23　化学与材料科学领域 Top5 国家 16 个前沿的国家研究前沿热度指数得分及排名

前沿	国家研究前沿热度指数					排名				
	中国	美国	新加坡	德国	韩国	中国	美国	新加坡	德国	韩国
领域汇总	39.49	14.73	3.72	2.81	2.14	1	2	3	4	5
热点前沿 1	3.11	0.59	0.15	0.14	0.06	1	2	5	6	11
热点前沿 2	2.26	1.82	0.14	0.21	0.13	1	2	4	3	5
热点前沿 3	1.43	0.90	0.02	0.14	0.02	1	2	14	5	12
热点前沿 4	1.30	0.93	0.01	0.67	0.01	1	2	21	3	14
热点前沿 5	2.13	0.84	0.15	0.12	0.31	1	2	6	7	3
热点前沿 6	2.69	0.20	0.44	0.03	0.02	1	3	2	8	10
热点前沿 7	2.90	0.40	0.05	0.05	0.14	1	2	7	8	5
热点前沿 8	0.80	0.58	0.12	0.94	0.03	2	3	7	1	14
热点前沿 9	1.88	1.42	0.19	0.03	0.51	1	2	6	12	3
热点前沿 10	2.41	2.14	0.03	0.04	0.03	1	2	12	9	11
新兴前沿 1	3.10	0.68	0.66	0.15	0.06	1	2	3	4	6
新兴前沿 2	3.73	0.30	0.06	0.07	0.04	1	2	4	3	5
新兴前沿 3	1.68	2.54	0.10	0.12	0.55	2	1	6	5	3
新兴前沿 4	3.40	0.34	0.01	—	0.03	1	4	17	—	8
新兴前沿 5	3.26	0.38	0.01	0.03	0.04	1	3	18	6	5
新兴前沿 6	3.39	0.88	1.59	0.08	0.15	1	3	2	6	4

注：相应序号的热点前沿和新兴前沿的前沿名称等基本信息见表 13.22

13.3.7 物理学领域：美国全面领先，中国排名第 2；日本、德国和瑞士分列第 3~5 名

在物理学领域，美国的研究前沿热度指数为 19.14，呈全面领先之势。中国得分为 12.43，日本和德国得分接近，分别为 6.34 和 6.22。第 5 名的瑞士得分为 3.75，与前 4 名差距较大。美国和中国在 6 个指标上排名完全一致，均是美国排名第 1，中国排名第 2，只是在国家施引论文份额指标上，中国排名第 1，美国排名第 2，这说明中国在积极跟进相关研究，中国的追赶趋势超过美国（表 13.24）。

表 13.24 物理学领域 Top5 国家研究前沿热度指数及分指标得分与排名

指标名称	得分 美国	得分 中国	得分 日本	得分 德国	得分 瑞士	排名 美国	排名 中国	排名 日本	排名 德国	排名 瑞士
国家研究前沿热度指数	19.14	12.43	6.34	6.22	3.75	1	2	3	4	5
国家贡献度	10.12	8.05	3.35	3.58	1.93	1	2	4	3	5
国家核心论文贡献度	6.31	3.98	2.16	2.11	1.39	1	2	3	4	5
国家施引论文贡献度	3.81	4.07	1.19	1.47	0.54	2	1	4	3	12
国家影响度	9.01	4.38	2.99	2.64	1.81	1	2	3	4	5
国家核心论文影响度	7.30	3.42	2.38	2.09	1.40	1	2	3	4	5
国家施引论文影响度	1.72	0.97	0.61	0.55	0.41	1	2	3	4	6

在物理学领域的 12 个研究前沿中，美国在 10 个研究前沿的研究前沿热度指数排名第 1；排名第 2 的 2 个前沿分别是热点前沿 7 和 8（表 13.25、表 13.26）。

中国在热点前沿 7 和 8 这 2 个前沿排名第 1，在热点前沿 1~6 和新兴前沿 2 等 7 个前沿排名第 2~3，在热点前沿 9 排名第 4，在热点前沿 10 和新兴前沿 1 排名第 10。日本在热点前沿 1、2、4、10 和新兴前沿 2 等 5 个前沿排名第 2~3。德国在热点前沿 3、8 和 9 这 3 个前沿排名第 2~3（表 13.26）。

表 13.25 物理学领域热点前沿和新兴前沿基本信息

类型和序号	前沿名称	核心论文/篇	被引频次/次	核心论文平均出版年
热点前沿 1	转角双层石墨烯的特性研究	39	2545	2018.4
热点前沿 2	非厄米系统的拓扑态研究	46	2404	2018.4
热点前沿 3	高阶拓扑绝缘体和高阶拓扑超导体	39	2468	2018.2
热点前沿 4	二维范德瓦尔斯磁性材料的特性研究	24	3335	2017.7
热点前沿 5	黑洞和量子场论中的复杂度研究	43	2568	2017.7
热点前沿 6	机器学习在量子多体物理中的应用	21	1891	2017.2
热点前沿 7	新型深紫外非线性光学晶体材料的合成和性质研究	32	3094	2017.1
热点前沿 8	隐粲五夸克态的实验和理论研究	45	4193	2017
热点前沿 9	暗物质的直接探测	5	2142	2017
热点前沿 10	硅基自旋量子比特研究	26	2665	2016.8
新兴前沿 1	Gauss-Bonnet 引力下的黑洞自发标量研究	15	444	2018.7
新兴前沿 2	二维范德瓦尔斯异质结的莫尔超晶格研究	8	267	2018.6

表 13.26　物理学领域 Top5 国家 12 个前沿的国家研究前沿热度指数得分及排名

前沿	国家研究前沿热度指数					排名				
	美国	中国	日本	德国	瑞士	美国	中国	日本	德国	瑞士
领域汇总	19.14	12.43	6.34	6.22	3.75	1	2	3	4	5
热点前沿 1	2.15	0.79	0.99	0.33	0.04	1	3	2	4	12
热点前沿 2	1.13	0.80	0.66	0.53	0.01	1	2	3	4	36
热点前沿 3	1.61	0.75	0.45	0.94	0.42	1	3	4	2	5
热点前沿 4	1.95	1.63	0.49	0.15	0.22	1	2	3	9	5
热点前沿 5	1.42	0.40	0.39	0.26	0.01	1	3	4	5	29
热点前沿 6	1.57	0.99	0.09	0.43	0.56	1	2	7	5	4
热点前沿 7	0.70	2.72	0.01	0.03	0.00	2	1	16	6	24
热点前沿 8	1.26	1.85	0.21	1.03	0.51	2	1	21	3	8
热点前沿 9	2.67	1.02	0.54	1.13	0.98	1	4	13	3	6
热点前沿 10	1.50	0.16	0.83	0.38	0.22	1	10	3	5	8
新兴前沿 1	1.03	0.26	0.13	0.64	0.20	1	10	15	5	11
新兴前沿 2	2.15	1.04	1.55	0.37	0.58	1	3	2	6	5

注：相应序号的热点前沿和新兴前沿的前沿名称等基本信息见表 13.25

13.3.8　天文学与天体物理学领域：美国霸主地位稳固，德国、英国、法国和意大利分列第 2～5 名，中国排名第 8

在天文学与天体物理学领域，美国的研究前沿热度指数得分为 23.23，稳居世界第 1，霸主地位稳定。德国以 14.95 分排名第 2，英国以 12.35 分排名第 3，法国（11.47 分）和意大利（9.58 分）紧随其后。中国以 6.80 分排名第 8，尽管表现并不突出，但较去年的第 11 名和前年的第 19 名进步明显（表 13.27）。

表 13.27　天文学与天体物理学领域 Top5 国家 + 中国的国家研究前沿热度指数及分指标得分与排名

指标名称	得分						排名					
	美国	德国	英国	法国	意大利	中国	美国	德国	英国	法国	意大利	中国
国家研究前沿热度指数	23.23	14.95	12.35	11.47	9.58	6.80	1	2	3	4	5	8
国家贡献度	13.24	7.74	6.50	5.81	4.78	3.39	1	2	3	4	5	8
国家核心论文贡献度	7.91	5.05	4.11	3.97	3.23	1.88	1	2	3	4	5	9
国家施引论文贡献度	5.33	2.69	2.39	1.85	1.56	1.51	1	2	3	4	5	6
国家影响度	9.99	7.22	5.85	5.65	4.80	3.40	1	2	3	4	6	8
国家核心论文影响度	8.41	6.06	4.88	4.74	4.01	2.88	1	2	3	4	5	8
国家施引论文影响度	1.59	1.16	0.97	0.91	0.79	0.52	1	2	3	4	6	11

在该领域的 11 个前沿中，美国占绝对的优势，10 个前沿的研究前沿热度指数排名第 1，在热点前沿 1 排名第 2。德国在热点前沿 1 排名第 1，在热点前沿 2~4 和 8 排名第 4~6，在其他 6 个前沿中排名第 2。英国在热点前沿 2~5 和 8 排名第 2~3。法国在热点前沿 1、8 和 10 排名第 3，意大利在热点前沿 4 和 9 排名第 3（表 13.28、表 13.29）。

中国在 6 个前沿排名在前 10，排名最高的是热点前沿 3 和 8，均排名第 6，其他前沿排名靠后（表 13.29）。

表 13.28 天文学与天体物理学领域热点前沿和新兴前沿基本信息

类型和序号	前沿名称	核心论文/篇	被引频次/次	核心论文平均出版年
热点前沿 1	"盖亚"测绘最精确银河系三维地图	27	5 804	2018
热点前沿 2	原始黑洞观测及其与暗物质的关系	30	2 216	2017.7
热点前沿 3	双黑洞系统及并合机制	35	2 754	2017.4
热点前沿 4	对双中子星并合引力波事件 GW170817 的多信使观测	48	15 751	2017.3
热点前沿 5	基于 GW170817 事件观测约束中子星性质	50	5 815	2017.3
热点前沿 6	快速射电暴观测	30	3 040	2017.2
热点前沿 7	原行星盘观测揭示行星系统形成机制	20	1 995	2016.8
热点前沿 8	通过多种方法测量哈勃常数	14	4 089	2016.5
热点前沿 9	银心伽马射线超出现象及其与暗物质的关系	43	6 550	2015.5
热点前沿 10	"罗塞塔"对彗星 67P 形态变化、物质构成等的观测发现	18	2 752	2015.4
新兴前沿 1	弦论"沼泽地"猜想与宇宙学	50	1 677	2018.6

表 13.29 天文学与天体物理学领域 Top5 国家 + 中国 11 个前沿的国家研究前沿热度指数得分及排名

前沿	国家研究前沿热度指数						排名					
	美国	德国	英国	法国	意大利	中国	美国	德国	英国	法国	意大利	中国
领域汇总	23.23	14.95	12.35	11.47	9.58	6.80	1	2	3	4	5	8
热点前沿 1	1.96	2.04	1.88	1.89	1.73	1.24	2	1	4	3	6	11
热点前沿 2	1.24	0.45	0.63	0.45	0.23	0.26	1	6	3	5	10	9
热点前沿 3	2.16	0.68	1.13	0.33	0.53	0.53	1	4	2	14	7	6
热点前沿 4	2.34	1.39	1.54	1.18	1.49	1.04	1	4	2	6	3	11
热点前沿 5	2.10	1.53	0.98	0.88	0.93	0.65	1	2	3	5	4	7
热点前沿 6	2.26	1.49	1.15	0.25	0.41	0.69	1	2	3	12	9	7
热点前沿 7	2.56	1.77	1.11	1.22	0.97	0.17	1	2	6	4	7	16
热点前沿 8	2.57	0.97	2.00	1.60	0.83	0.89	1	5	2	3	7	6
热点前沿 9	2.04	1.35	0.73	1.20	1.23	0.92	1	2	8	4	3	7

续表

前沿	国家研究前沿热度指数						排名					
	美国	德国	英国	法国	意大利	中国	美国	德国	英国	法国	意大利	中国
热点前沿 10	2.61	2.41	0.95	2.35	1.11	0.29	1	2	11	3	6	14
新兴前沿 1	1.40	0.88	0.27	0.10	0.13	0.11	1	2	6	15	13	14

注：相应序号的热点前沿和新兴前沿的前沿名称等基本信息见表 13.28

13.3.9 数学领域：中国表现最为活跃，美国位列第 2，沙特、希腊和南非位列第 3~5

在数学领域，中国表现最活跃，国家研究前沿热度指数为 15.98 分，排名第 1，排名第 2 的美国得分为 10.42。沙特、希腊和南非的得分分别为 4.72、3.42 和 2.33，分别排名第 3~5。前 3 个国家 7 个指标的排名完全一致（表 13.30）。

表 13.30 数学领域 Top5 国家研究前沿热度指数及分指标得分与排名

指标名称	得分					排名				
	中国	美国	沙特	希腊	南非	中国	美国	沙特	希腊	南非
国家研究前沿热度指数	15.98	10.42	4.72	3.42	2.33	1	2	3	4	5
国家贡献度	9.78	5.34	2.84	2.11	1.26	1	2	3	4	5
国家核心论文贡献度	5.24	3.38	1.70	1.22	0.98	1	2	3	4	5
国家施引论文贡献度	4.54	1.96	1.14	0.89	0.28	1	2	3	4	14
国家影响度	6.20	5.07	1.88	1.31	1.06	1	2	3	4	5
国家核心论文影响度	4.95	4.00	1.57	1.17	0.90	1	2	3	4	5
国家施引论文影响度	1.24	1.08	0.31	0.14	0.17	1	2	3	11	9

在该领域 10 个前沿中，中国在热点前沿 1、4、5、9 和 10 等 5 个前沿的研究前沿热度指数均排名第 1（表 13.31、表 13.32）。

美国在热点前沿 7 和 8 排名第 1，在热点前沿 1、2、4 和 5 等 4 个前沿排名第 2~3。沙特在热点前沿 3、6、9 和 10 上排名第 2~3。希腊在热点前沿 6 上排名第 1。南非在热点前沿 4 上排名第 3（表 13.32）。

表 13.31 数学领域热点前沿和新兴前沿基本信息

类型和序号	前沿名称	核心论文/篇	被引频次/次	核心论文平均出版年
热点前沿 1	样本均数最优估计方法研究	2	830	2016
热点前沿 2	神经网络中的奇异态研究	11	1344	2015.1
热点前沿 3	几类分数阶方程及其精确解和孤子解研究	16	1586	2016
热点前沿 4	几类非线性演化方程解析解的研究	28	2271	2017.3

续表

类型和序号	前沿名称	核心论文/篇	被引频次/次	核心论文平均出版年
热点前沿 5	可积非局部非线性薛定谔方程求解研究	40	1596	2017.8
热点前沿 6	基于龙格库塔、NUMEROV 等方法的高阶微分方程数值解法研究	29	1425	2017.2
热点前沿 7	多层贝叶斯建模及其在多款计算软件包中的应用	9	2477	2016.6
热点前沿 8	高维模型性质及应用研究	15	1201	2015.7
热点前沿 9	概率布尔网络的优化控制研究	16	814	2016.6
热点前沿 10	变分不等式问题和不动点问题的迭代算法	47	1664	2017.3

表 13.32　数学领域 Top5 国家 10 个前沿的国家研究前沿热度指数及排名

前沿	得分					排名				
	中国	美国	沙特	希腊	南非	中国	美国	沙特	希腊	南非
领域汇总	15.98	10.42	4.72	3.42	2.33	1	2	3	4	5
热点前沿 1	2.31	1.88	0.00	0.02	0.01	1	2	59	27	39
热点前沿 2	0.23	0.48	0.04	0.38	0.01	8	3	14	5	33
热点前沿 3	0.71	0.19	0.74	0.01	0.34	4	9	3	30	5
热点前沿 4	3.05	2.05	0.33	—	1.86	1	2	4	—	3
热点前沿 5	2.83	0.44	0.06	0.00	0.04	1	2	4	—	8
热点前沿 6	1.16	—	2.18	2.91	—	4	—	2	1	—
热点前沿 7	0.05	2.57	0.13	0.01	0.04	15	1	11	33	17
热点前沿 8	0.22	2.69	0.00	0.00	0.00	5	1	48	29	36
热点前沿 9	3.19	0.04	0.63	—	0.01	1	5	2	—	15
热点前沿 10	2.23	0.08	0.62	0.10	0.01	1	8	3	7	20

注：相应序号的热点前沿和新兴前沿的前沿名称等基本信息见表 13.31

13.3.10　信息科学领域：中国表现最为活跃，美国位列第 2，英国、加拿大和新加坡位列第 3～5

在信息科学领域，中国表现最为活跃，国家研究前沿热度指数为 14.97 分，排名第 1。美国得分为 9.27，英国、加拿大和新加坡的得分分别为 4.77、3.83 和 2.67，分别排名第 3～5。中国、美国和英国在 7 个指标上的排名完全一致（表 13.33）。

表 13.33　信息科学领域 Top5 国家研究前沿热度指数及分指标得分与排名

指标名称	得分 中国	得分 美国	得分 英国	得分 加拿大	得分 新加坡	排名 中国	排名 美国	排名 英国	排名 加拿大	排名 新加坡
国家研究前沿热度指数	14.97	9.27	4.77	3.83	2.67	1	2	3	4	5
国家贡献度	9.32	4.92	2.51	1.74	1.40	1	2	3	4	5
国家核心论文贡献度	4.54	2.92	1.65	1.19	1.10	1	2	3	4	5
国家施引论文贡献度	4.78	2.00	0.86	0.55	0.31	1	2	3	5	11
国家影响度	5.64	4.35	2.27	2.09	1.27	1	2	3	4	5
国家核心论文影响度	4.15	3.16	1.81	1.66	1.02	1	2	3	4	6
国家施引论文影响度	1.50	1.19	0.45	0.42	0.25	1	2	3	4	6

在该领域 10 个前沿中，中国在热点前沿 9 的研究前沿热度指数排名为第 13，在热点前沿 1、5 和 10 等 3 个前沿上排名第 2~3，在其他 6 个前沿均排名第 1（表 13.34、表 13.35）。

美国在热点前沿 5 和 9 排名第 1，在热点前沿 8 排名第 4，在其他 7 个前沿均排名第 2~3。英国在热点前沿 10 上排名第 1，在热点前沿 4 上排名第 3。加拿大在热点前沿 5 和 9 排名第 2。新加坡在热点前沿 1 上排名第 1，在热点前沿 8 上排名第 3（表 13.35）。

表 13.34　信息领域热点前沿和新兴前沿基本信息

类型和序号	前沿名称	核心论文/篇	被引频次/次	核心论文平均出版年
热点前沿 1	无人机无线通信网络、传输保密和轨迹优化研究	24	2 543	2017.4
热点前沿 2	基于混沌的图像加密研究	45	3 303	2016.9
热点前沿 3	无线移动边缘计算研究	18	2 294	2016.9
热点前沿 4	长距离连续变量量子密钥分配	33	2 927	2016.8
热点前沿 5	基于深度卷积神经网络的脑肿瘤图像分割研究	13	2 086	2016.7
热点前沿 6	基于智能卡、密码和生物特征标识的用户认证和密钥协商方案	31	2 502	2016.4
热点前沿 7	单一图像去雾算法与系统	12	1 122	2016.4
热点前沿 8	用于人脸识别的局部二进制描述符的学习	17	1 366	2016.1
热点前沿 9	使用 lme4 拟合线性混合效应模型	3	13 035	2016
热点前沿 10	AlphaGo Zero 的强化学习算法	3	3 081	2016

表 13.35　信息科学领域 Top5 国家 10 个前沿的国家研究前沿热度指数及排名

前沿	得分 中国	得分 美国	得分 英国	得分 加拿大	得分 新加坡	排名 中国	排名 美国	排名 英国	排名 加拿大	排名 新加坡
领域汇总	14.97	9.27	4.77	3.83	2.67	1	2	3	4	5
热点前沿 1	1.06	0.68	0.22	0.26	1.40	2	3	9	8	1

续表

前沿	得分					排名				
	中国	美国	英国	加拿大	新加坡	中国	美国	英国	加拿大	新加坡
热点前沿 2	2.53	0.25	0.13	0.00	0.02	1	2	4	45	20
热点前沿 3	2.49	0.46	0.12	0.31	0.13	1	2	12	5	11
热点前沿 4	1.31	0.95	0.66	0.57	0.04	1	2	3	4	17
热点前沿 5	0.61	1.20	0.61	0.79	0.03	3	1	4	2	20
热点前沿 6	2.01	0.86	0.05	0.02	0.03	1	3	14	18	15
热点前沿 7	2.28	0.52	0.31	0.04	0.27	1	3	6	12	7
热点前沿 8	2.19	0.65	0.19	0.34	0.73	1	4	7	6	3
热点前沿 9	0.05	2.24	0.28	1.27	0.01	13	1	5	2	33
热点前沿 10	0.42	1.47	2.21	0.22	0.02	3	2	1	4	15

注：相应序号的热点前沿和新兴前沿的前沿名称等基本信息见表 13.34

13.3.11 经济学、心理学及其他社会科学领域：美国表现最为活跃，优势明显，中国排名第 2，英国、德国和西班牙位列第 3~5

在经济学、心理学及其他社会科学领域，美国的国家研究前沿热度指数得分为 13.27，稳居第 1 名，表现最活跃。中国得分为 9.03，排名第 2。英国、德国和西班牙以 6.17 分、4.15 分和 3.26 分，排名第 3~5。美国、中国和英国在 7 个指标上的排名完全一致（表 13.36）。

表 13.36 经济学、心理学及其他社会科学领域 Top5 国家研究前沿热度指数及分指标与排名

指标名称	得分					排名				
	美国	中国	英国	德国	西班牙	美国	中国	英国	德国	西班牙
国家研究前沿热度指数	13.27	9.03	6.17	4.15	3.26	1	2	3	4	5
国家贡献度	7.28	5.40	3.79	2.17	1.93	1	2	3	4	5
国家核心论文贡献度	3.78	2.28	2.19	1.31	1.01	1	2	3	4	5
国家施引论文贡献度	3.50	3.12	1.59	0.86	0.92	1	2	3	5	4
国家影响度	5.99	3.63	2.38	1.98	1.33	1	2	3	4	6
国家核心论文影响度	4.56	2.42	1.72	1.62	0.82	1	2	3	4	8
国家施引论文影响度	1.42	1.21	0.67	0.36	0.51	1	2	3	5	4

在该领域的 13 个研究前沿中，美国在 6 个前沿上均排名第 1，只在热点前沿 1、7、9 和新兴前沿 2 这 4 个前沿排名第 2~3，在热点前沿 2、8 和新兴前沿 1 排

名第5~6。中国在热点前沿1和新兴前沿1上排名第1，在热点前沿3和5、6排名第2~3。英国在热点前沿2、8和9排名第1，在热点前沿4、6和新兴前沿3这3个前沿排名在第2~3。德国在热点前沿10和新兴前沿2排名第2。西班牙在新兴前沿2排名第1，在热点前沿2排名第2（表13.37、13.38）。

表13.37 经济学、心理学及其他社会科学领域热点前沿和新兴前沿基本信息

类型和序号	前沿名称	核心论文/篇	被引频次/次	核心论文平均出版年
热点前沿1	中国农村土地资源配置与管理 & 政策创新	25	995	2017.6
热点前沿2	比特币的市场效率和信息效率	39	1903	2017.5
热点前沿3	随机参数多元空间模型在车祸伤害中的应用	38	1283	2017.5
热点前沿4	自动驾驶对政策和社会的影响	42	2205	2017.4
热点前沿5	Airbnb共享经济中消费者评估及其对酒店业的影响	33	1670	2017.4
热点前沿6	语言和记忆的强化学习	32	1547	2017.4
热点前沿7	超加工食品消费量及健康风险	29	1426	2017.3
热点前沿8	循环经济和可持续性商业模式创新	43	4015	2017.1
热点前沿9	消费者对移动银行等新技术的接受和使用意图	43	2171	2017
热点前沿10	基于共享社会经济路径的气候变化及影响研究	18	2385	2016.7
新兴前沿1	区域可再生能源与经济发展	27	605	2019
新兴前沿2	养育方式和短期和长期社会化结果	9	242	2019
新兴前沿3	人工智能对区块链智慧合约的推动在供应链管理和智慧城市中的应用	7	175	2019

表13.38 经济学、心理学及其他社会科学领域Top5国家13个前沿的国家研究前沿热度指数得分及排名

前沿	国家研究前沿热度指数					排名				
	美国	中国	英国	德国	西班牙	美国	中国	英国	德国	西班牙
领域汇总	13.3	9.03	6.17	4.15	3.26	1	2	3	4	5
热点前沿1	0.33	3.09	0.06	0.03	0.01	2	1	6	9	18
热点前沿2	0.29	0.24	1.05	0.13	0.38	5	8	1	13	2
热点前沿3	2.1	1.11	0.11	0.01	0.02	1	2	4	23	11
热点前沿4	1.58	0.3	0.34	0.16	0.04	1	4	3	6	17
热点前沿5	1.31	0.49	0.42	0.08	0.28	1	3	4	12	5
热点前沿6	1.49	0.42	0.56	0.32	0.03	1	3	2	5	19
热点前沿7	1.16	0.03	0.35	0.02	0.28	2	13	4	15	6
热点前沿8	0.26	0.32	0.81	0.24	0.14	6	5	1	7	10

续表

前沿	国家研究前沿热度指数					排名				
	美国	中国	英国	德国	西班牙	美国	中国	英国	德国	西班牙
热点前沿 9	0.72	0.28	0.94	0.12	0.14	2	7	1	13	11
热点前沿 10	1.9	0.37	0.32	1.72	0.09	1	12	13	2	19
新兴前沿 1	0.22	1.92	0.11	0.01	0.02	5	1	8	26	19
新兴前沿 2	0.41	0.14	0.16	1.22	1.64	3	7	6	2	1
新兴前沿 3	1.49	0.31	0.94	0.08	0.17	1	6	2	12	8

注：相应序号的热点前沿和新兴前沿的前沿名称等基本信息见表 13.37

第14章 中美研究前沿科研实力比较研究

改革开放以来,中国的科技事业蓬勃发展,科技实力持续增强,第六个五年计划(1981~1985年)期间,我国SCI论文数量仅仅排名世界第26。到第十个五年计划(2001~2005年)期间我国SCI论文数量排名已经提高到世界第7。"十一五"期间中国超过德国,成为第3名。到"十二五"期间,中国又超过英国,成为世界第2名,排名仅次于美国。近年来,中国国际科技论文数量连续多年稳居世界第2,并获得了一系列举世瞩目的科研成果,成为具有重要影响力和竞争力的科技大国(表14.1)。

表14.1 世界主要国家SCI论文数排名

国家	"六五"(1981~1985年)	"七五"(1986~1990年)	"八五"(1991~1995年)	"九五"(1996~2000年)	"十五"(2001~2005年)	"十一五"(2006~2010年)	"十二五"(2011~2015年)	"十三五"(2016~2020年)
美国	1	1	1	1	1	1	1	1
中国	26	17	15	12	7	3	2	2
英国	2	2	2	2	2	2	3	3
德国	3	3	4	4	4	4	4	4
日本	4	4	3	3	3	5	5	6
法国	6	6	5	5	5	6	6	9

资料来源:Incites数据库

在这一系列成绩的背后,如何客观冷静地分析判断我国当前科技发展的真实水平,直接关系到我们对未来发展的安排和部署。事实上,"卓越科学家在最前沿所进行的领先研究"更能体现一个国家的科技先进水平。1965年文献计量学的鼻祖Derek J. de Solla Price[1]将"卓越科学家在最前沿所进行的领先研究"定义为"研究前沿"。同时他用大量的引文分析数据描述"科学研究前沿"的文献计量学本征,即研究前沿是由一组高被引论文和引用这些论文的施引论文组成的,基于 Price 对研究前沿的定义,ESI 数据库基于引文网络数据将一个抽象的定性概念转变为可以定量的数据。

基于 ESI 数据库的研究前沿的数据,中国科学院与科睿唯安从 2014 年开始发布《研究前沿》年度研究报告,研判科技研究前沿发展的战略方向,敏锐抓住科技创新的突破口和新的生长点。《研究前沿》年度研究报告为国内外了解世界科研状态和全球卓越科学家的最新科技趋势提供了一扇窗。

2020 年,中国科学院科技战略咨询研究院、中国科学院文献情报中心和科睿唯安共同发布了《2020 研究前沿》[2]和《2020 研究前沿热度指数》[3]两个报告,基于共被引聚类分析,遴选了 110 个热点前沿和 38 个新兴前沿,揭示了研究领域内最新发展的最受关注的研究焦点和重要研究成果。两个报告揭示出中国近年来在多个基础研究领域取得了突破,中国在引领的研究前沿数量上位居第 2,在科技研究前沿领域也有一席之地,表现出了一定的竞争力。两个报告的发布为战略科学家和科技决策者了解国家科技发展脉络、制定科技战略规划提供了有力的事实支撑。

为了进一步了解中国与美国的差距,本报告在《2020 研究前沿》和《2020 研究前沿热度指数》两个报告的基础上,从 11 个领域分别展开中国和美国在 148 个前沿的国家前沿热度指数及其分指标上的比较分析,分析主要从宏观到微观就特定

领域层面到特定研究前沿层面进行,精确揭示研究活力来源。同时,依据两国在核心论文以及施引论文中贡献的署名通讯作者的论文数及排名判定国家在特定研究前沿的主导地位,以期从重要成果产出的层面对中美科研核心竞争力进行识别和分析,解读中国与美国的差距和优势。

14.1 评价方法

《2020 研究前沿》报告先把 ESI 数据库中 21 个学科领域的 11 626 个研究前沿划分到 11 个高度聚合的大学科领域中,然后对每个大学科领域中的研究前沿的核心论文,按照总被引频次进行排序,提取排在前 10% 的最具引文影响力的研究前沿。以此数据为基础,再根据核心论文出版年的平均值重新排序,找出那些"最年轻"的研究前沿。通过上述 2 个步骤在每个大学科领域分别选出 10 个热点前沿,共计 110 个热点前沿。因为每个学科领域具有不同的特点和引用行为,有些学科领域中的很多研究前沿在核心论文数和总被引频次上会相对较小,所以从十一大学科领域中分别遴选出的排名前 10 的热点前沿,代表各大学科领域中最具影响度的研究前沿,但并不一定代表跨数据库(所有学科)中最大最热的研究前沿。《2020 研究前沿》还从研究前沿中选取核心论文平均出版年在 2018 年 6 月之后的研究前沿,按被引频次排序后选取被引频次 100 以上的研究前沿,遴选出 38 个新兴前沿。通过以上两种方法,突出显示了 11 个高度

聚合的大学科领域中的 110 个热点前沿和 38 个新兴前沿。

首先我们设计了国家研究前沿热度指数等相关指标，根据各国在 110 个热点前沿和 38 个新兴前沿的表现来反映各国在世界科研前沿布局中的态势。

国家研究前沿热度指数、国家贡献度、国家影响度、国家核心论文贡献度（A）、国家施引论文贡献度（B）、国家核心论文影响度（C）和国家施引论文影响度（D）等 7 个指标。具体计算方法见 13.1 节。

国家研究前沿热度指数 = 国家贡献度 + 国家影响度

国家贡献度 = 国家核心论文贡献度（A）+ 国家施引论文贡献度（B）

国家影响度 = 国家核心论文影响度（C）+ 国家施引论文影响度（D）

另外，为了反映国家在研究前沿的主导地位，我们又加入了以下 2 个指标。

（1）国家通讯作者核心论文贡献度（E），即每个国家在某个研究前沿署名通讯作者的核心论文数量占研究前沿核心论文数量的份额。具体计算方法为：

国家通讯作者核心论文份额 = 国家通讯作者核心论文数 / 前沿通讯作者核心论文数

（2）国家通讯作者施引论文贡献度（F），即国家通讯作者施引论文份额。具体计算方法为：

国家通讯作者施引论文份额 = 国家通讯作者施引论文 / 前沿通讯作者施引论文数量

根据国家研究前沿热度指数的数值之间的比较，可以直观地看到中美两国的创新位势。

根据国家研究前沿热度指数的排名分析测算，我们尝试定义某个国家在该前沿的创新位势。具体方法是：研究前沿热度指数排名第 1~3 的国家处于该前沿的创新卓越地位；研究前沿热度指数排名第 4~6 的国家处于该前沿的创新前列地位；研究前沿热度指数排名第 7~10 的国家处于该前沿的创新行列地位；研究前沿热度指数排名第 10 以后的国家处于该前沿的创新追赶地位。如果某国在指标 E 和 F，甚至指标 A、B、C 和 D 上均没有贡献，即研究前沿的核心论文和施引论文上均没有产出，那么就定义为该国在该前沿处于空白状态。

14.2 中美在各领域的科研实力整体比较分析

14.2.1 各指标数值及其排名

本报告从十一大学科领域分别展开中国和美国在《2020 研究前沿》中的 110 个热点前沿和 38 个新兴前沿，以期掌握中国与美国之间的创新位势。

在十一大学科领域综合层面，美国研究前沿热度指数等 8 个指标均排名第 1，中国则在 8 个指标上都稳居第 2，只有指标 F 国家通讯作者施引论文贡献度中国排名第 1，美国排名第 2。但是从数值上来看，中美研究前沿热度指数分别为 151.29 和 226.63，中国约为美国的 66.76%。中国和美国的国家贡献度分别为 90.70 和 119.58，中国约是美国的 75.84%。中国和美国的国家影响度分别为 60.59 和 107.04，中国约是美国的 56.61%。指标 E 国家通讯作者核心论文贡献度，中国约是美国的 66.66%。指标 F，中国约是美国的 119.48%。从上面中美 9 个指标的对比可以看出，除了指标 F 中国超过美国以外，其他 8 个指标，中国约占美国的 53.83%~98.81%。特别是十一大学科领域综合层面，中国的两个最主要的指标研究前沿热度指数和指标 E 分别是美国的 66.76% 和 66.66%。因此，从十一大学科领域综合层面上可以看出中国与美国在研究前沿位势上仍存在差距（表 14.2）。

从分领域来看，中国在以下 4 个领域的表现远超十一大学科领域综合层面的水平。

农业科学、植物学和动物学领域，化学与材料科学领域，数学领域，信息科学领域等 4 个领域的 9 个指标上中国均排名第 1，美国的绝大多数指标排名第 2（只有农业科学、植物学和动物学领域和信息科学领域的指标 E 排名第 3）。在农业科学、植物学和动物学领域，中国的研究前沿热度指数和指标 E 相当于美国的 1.92 倍和 4.10 倍；在化学与材料科学领域，中国的研究前沿热度指数和指标 E 这两个指标更是达到了美国的 2.68 倍和 2.58 倍；在数学领域，中国的热度指数和指标 E 相当于美国的 1.53 倍和 1.73 倍；在信息科学领域，中国的热度指数和指标 E 相当于美国的 1.61 倍和 2.42 倍。由此可见，这 4 个领域是中国的优势领域。

在其他 7 个领域，中国与美国则表现出一定的差距。

中国在生态与环境科学领域、物理学领域和经济学、心理学及其他社会科学领域 3 个领域最接近十一大学科领域综合层面的水平，中国的 9 个指标最接近中国十一大学科领域综合层面的平均水平。这 3 个领域，指标 F 上中国均排名第 1，美国均排名第 2，生态与环境科学领域、物理学领域，指标 B 中国排名第 1，美国排名第 2，在其他 7 个指标上中国均排名第 2，美国均排名第 1。其中，在这 3 个领域中国的热度指数分别是美国的 77.47%、64.98% 和 68.03%。

中国在 4 个领域低于十一大学科领域综合层面的水平，其中在地球科学领域和生物科学领域 2 个领域，中国与美国的差距较大。美国的 9 个指标均排名第 1，中国国家研究前沿热度指数分别排名第 5 和第 3，中国的热度指数是美国的 24.42% 和 34.53%。

在临床医学领域和天文学与天体物理学领域 2 个领域中国仍与美国存在巨大差距。在临床医学领域和天文学与天体物理学领域美国的 9 个指标均排名第 1，中国国家研究前沿热度指数分别排名第 12 和第 8，中国的热度指数仅仅为美国的 13.33% 和 29.25%（表 14.2）。

第14章 中美研究前沿科研实力比较研究

表 14.2 十一大学科领域总体及各领域中国和美国的 9 项指标以及发展态势对比

领域	国家	国家研究前沿热度指数	国家贡献度	国家影响度	得分 A	得分 B	得分 C	得分 D	得分 E	得分 F	国家研究前沿热度指数排名	国家贡献度排名	国家影响度排名	排名 A	排名 B	排名 C	排名 D	排名 E	排名 F
十一大学科领域综合	中国	151.29	90.70	60.59	44.62	46.08	42.83	17.76	34.22	41.15	2	2	2	2	2	2	2	2	1
	美国	226.63	119.58	107.04	72.95	46.63	79.56	27.48	51.34	34.44	1	1	1	1	1	1	1	1	2
农业科学、植物学和动物学	中国	15.16	8.97	6.19	4.53	4.44	4.41	1.77	3.99	4.19	1	1	2	1	1	1	1	1	1
	美国	7.90	3.88	4.02	2.31	1.57	3.08	0.94	0.97	0.99	2	2	2	2	2	2	2	3	2
生态与环境科学	中国	11.92	7.14	4.78	3.46	3.68	3.46	1.31	2.57	3.31	2	2	2	2	2	2	2	2	1
	美国	15.38	8.35	7.03	5.12	3.23	5.48	1.55	3.85	2.30	1	1	1	1	2	1	1	1	2
地球科学	中国	5.55	3.68	1.87	1.33	2.35	1.21	0.66	0.59	1.87	5	3	6	6	2	7	3	4	1
	美国	22.74	12.73	10.01	7.78	4.95	7.82	2.19	5.52	3.41	1	1	1	1	1	1	1	1	2
临床医学	中国	7.10	4.50	2.60	1.85	2.66	1.36	1.24	0.95	2.27	12	7	15	14	3	18	8	5	2
	美国	53.27	27.25	26.03	16.77	10.47	17.68	8.35	12.07	8.72	1	1	1	1	1	1	1	1	1
生物科学	中国	12.87	7.45	5.43	3.50	3.95	3.40	2.03	2.71	3.62	3	2	4	3	2	4	3	2	2
	美国	37.28	19.33	17.95	11.85	7.48	12.33	5.61	9.45	6.01	1	1	1	1	1	1	1	1	1
化学与材料科学	中国	39.49	23.01	16.48	12.03	10.98	11.16	5.31	10.58	10.60	1	2	2	2	1	2	2	1	1
	美国	14.73	7.14	7.59	4.82	2.32	5.75	1.84	4.10	1.74	2	2	2	2	2	2	2	2	2
物理学	中国	12.43	8.05	4.38	3.98	4.07	3.42	0.97	3.06	3.53	2	2	2	2	2	2	3	2	1
	美国	19.14	10.12	9.01	6.31	3.81	7.30	1.72	4.58	2.80	1	1	1	1	1	1	1	1	2
天文学与天体物理学	中国	6.80	3.39	3.40	1.88	1.51	2.88	0.52	0.25	0.89	8	8	8	9	6	8	11	11	3
	美国	23.23	13.24	9.99	7.91	5.33	8.41	1.59	4.36	3.40	1	1	1	1	1	1	1	1	1
数学	中国	15.98	9.78	6.20	5.24	4.54	4.95	1.24	4.14	3.83	1	2	2	2	2	2	2	2	1
	美国	10.42	5.34	5.07	3.38	1.96	4.00	1.08	2.39	1.42	2	2	2	2	2	2	2	2	2

续表

领域	国家	得分							排名						
		国家研究前沿热度指数	国家贡献度	国家影响度	A	B	C	D	E	F	国家研究前沿热度指数	国家贡献度	国家影响度	A	B	C	D	E	F
信息科学	中国	14.97	9.32	5.64	4.54	4.78	4.15	1.50	3.50	4.38	1	1	1	1	1	1	1	1	1
	美国	9.27	4.92	4.35	2.92	2.00	3.16	1.19	1.45	1.23	2	2	2	2	2	2	2	3	2
经济学、心理学及其他社会科学	中国	9.03	5.40	3.63	2.28	3.12	2.42	1.21	1.89	2.67	2	2	2	2	2	2	2	2	1
	美国	13.27	7.28	5.99	3.78	3.50	4.56	1.42	2.60	2.44	1	1	1	1	1	1	1	1	2

注：指标 A 为国家核心论文贡献度；指标 B 为国家核心论文施引贡献度；指标 C 为国家施引论文贡献度；指标 D 为国家施引论文影响度；指标 E 为国家通讯作者核心论文贡献度；指标 F 为国家通讯作者施引论文贡献度。指标 A、C、E 为三个核心论文指标，指标 B、D、F 为三个施引论文指标。后同

14.2.2 创新位势

14.2.2.1 总体的创新位势

从十一大学科领域的 148 个前沿总体来看，美国在 145 个前沿（97.97%）处于创新行列及以上（包括创新卓越、创新前列和创新行列），其中 130 个前沿（87.84%）处于创新卓越的位置，只有 1 个前沿为创新追赶，另外还有 2 个前沿美国处于空白状态。

中国则在 118 个前沿（79.73%）处于创新行列及以上（包括创新卓越、创新前列和创新行列）。其中，在 72 个前沿（48.65%）处于创新卓越位势，约为美国的 55.38%；在 19 个前沿（12.84%）处于创新前列；在 27 个前沿（18.24%）处于创新行列；此外，还有 30 个前沿（20.27%）处于创新追赶位势（表 14.3）。

14.2.2.2 分领域的创新位势

就分领域来说，其中化学与材料科学领域 100.00% 的前沿进入创新卓越位势，信息科学领域约 90.00% 的前沿进入创新卓越位势，这两个领域是中国的优势领域。

农业科学、植物学和动物学领域，生态与环境科学领域有 72.73% 的前沿进入创新卓越位势，物理学领域有 75.00% 的前沿进入创新卓越行列，数学领域有 50.00% 的前沿进入创新卓越行列。

其他 5 个领域处于创新卓越位势的前沿较少，其中地球科学领域、临床医学领域、生物科学领域和经济学、心理学及其他社会科学领域 4 个领域处于创新卓越位势的前沿的占比在 16.67%～38.46%，天文学与天体物理学领域处于创新卓越位势的前沿为 0（表 14.3）。

表 14.3 十一大学科领域总体及各领域中国和美国的创新卓越前沿分析

序号	领域	研究前沿数/个	国家	创新卓越前沿（前3名）数量/个	比例/%	创新前列前沿（4~6名）数量/个	比例/%	创新行列前沿（7~10名）数量/个	比例/%	创新追赶前沿（10名以后）数量/个	比例/%
	十一大学科领域综合	148	中国	72	48.65	19	12.84	27	18.24	30	20.27
			美国	130	87.84	11	7.43	4	2.70	1	0.68
1	农业科学、植物学和动物学	11	中国	8	72.73	1	9.09	1	9.09	1	9.09
			美国	9	81.82	1	9.09	0	0.00	1	9.09
2	生态与环境科学	11	中国	8	72.73	0	0.00	1	9.09	2	18.18
			美国	9	81.82	1	9.09	0	0.00	0	0.00
3	地球科学	11	中国	2	18.18	2	18.18	4	36.36	3	27.27
			美国	9	81.82	1	9.09	1	9.09	0	0.00
4	临床医学	24	中国	4	16.67	2	8.33	5	20.83	13	54.17
			美国	23	95.83	1	4.17	0	0.00	0	0.00
5	生物科学	19	中国	6	31.58	4	21.05	7	36.84	2	10.53
			美国	17	89.47	1	5.26	1	5.26	0	0.00

续表

序号	领域	研究前沿数/个	国家	创新卓越前沿（前3名） 数量/个	比例/%	创新前列前沿（4~6名） 数量/个	比例/%	创新行列前沿（7~10名） 数量/个	比例/%	创新追赶前沿（10名以后） 数量/个	比例/%
6	化学与材料科学	16	中国	16	100.00	0	0.00	0	0.00	0	0.00
			美国	15	93.75	1	6.25	0	0.00	0	0.00
7	物理学	12	中国	9	75.00	1	8.33	2	16.67	0	0.00
			美国	12	100.00	0	0.00	0	0.00	0	0.00
8	天文学与天体物理学	11	中国	0	0.00	2	18.18	4	36.36	5	45.45
			美国	11	100.00	0	0.00	0	0.00	0	0.00
9	数学	10	中国	5	50.00	3	30.00	1	10.00	1	10.00
			美国	6	60.00	1	10.00	2	20.00	0	0.00
10	信息科学	10	中国	9	90.00	0	0.00	0	0.00	1	10.00
			美国	9	90.00	1	10.00	0	0.00	0	0.00
11	经济学、心理学及其他社会科学	13	中国	5	38.46	3	23.08	3	23.08	2	15.38
			美国	10	76.92	3	23.08	0	0.00	0	0.00

14.3 中美在各主要领域具体前沿科研实力比较分析

14.3.1 农业科学、植物学和动物学领域

农业科学、植物学和动物学领域共遴选出11个前沿，根据中国的表现可以分为4组，分别是8个创新卓越的前沿（占比72.73%），1个创新前列的前沿，1个创新行列的前沿，1个创新追赶的前沿。

第1组为中国创新卓越、美国创新卓越或创新追赶的8个前沿。其中，5个前沿中国在所有指标上都排名第1，美国的热度指数排名第2~3，包括热点前沿"不同加工处理方法对粮食淀粉结构和功能特性的影响""果蔬干燥方法及其对干制品品质的影响""猪圆环病毒3型的鉴定与遗传特征分析""食品智能包装薄膜的制备与表征"和新兴前沿"可降解废弃物资源化利用生物学调控技术及机制研究"。其他2个前沿分别是热点前沿"植物中一氧化氮生理作用的调控机理"和"光诱导气孔响应动力学对光合作用和水分利用效率的影响"，中国和美国的热度指数排名第2~3。第8个热点前沿"生物炭和金属氧化物纳米粒子对作物生长和镉吸收的影响"，中国热度指数排名第3，美国排名第11，处于创新追赶行列。

第2组为中国处于创新前列、美国处于创新卓越状态的1个前沿——热点前沿"小麦基因组和转录组研究"。中国的研究前沿热度指数排名第4，在指标C排名第

10，指标 B 和 F 排名第 1，其他指标也在第 3~5 名。这些前沿上中国缺乏核心论文，但施引论文已经在跟进。该前沿上美国所有指标均排第 1 名或第 2 名。

第 3 组为中国处于创新行列、美国处于创新前列的 1 个前沿——热点前沿"昆虫粉作为新型可再生动物饲料资源的开发和利用"。中国的研究前沿热度指数排名第 10，指标 A、C、E 三个核心论文指标均空白，指标 B、D、F 三个施引论文指标分别排名第 2、第 6 和第 2，美国热度指数排名第 4，指标 E 空白，其他指标排名在第 3~6。

第 4 组为中国处于创新追赶、美国处于创新卓越的 1 个前沿——热点前沿"植物提取物及其治疗作用研究"。中国热度指数排名第 16，指标 A、C、E 三个核心论文指标均空白，指标 B、D、F 三个施引论文指标分别排名第 5、第 5 和第 4；美国热度指数排名第 1，指标 E 排名第 4，其他指标排名在第 1~2（表 14.4）。

14.3.2　生态与环境科学领域

生态与环境科学领域共遴选出 11 个前沿，包括 10 个热点前沿和 1 个新兴前沿。根据中国的表现可以分为 3 组，包括中国处在创新卓越地位的 8 个前沿（占比 72.73%）、处于创新行列地位的 1 个前沿和处于创新追赶位势的 2 个前沿。

第 1 组，中国处于创新卓越地位的 8 个前沿，其中 7 个前沿中国和美国的排名均在第 1~3，是这些前沿的引领者之一。包括中国研究前沿热度指数排名第 1 的 4 个前沿：热点前沿"电容去离子技术及在海水淡化中的应用"、"天气模式和边界层结构对大气气溶胶污染的影响"、"微生物种间电子转移的机理及应用"和"厌氧氨氧化技术及在污水处理中的应用"。还包括中国研究前沿热度指数排名第 2 或第 3 的 3 个热点前沿："污水处理厂中微塑料污染的发生、归趋、检测与消除"、"全球汞排放的时空特征与趋势"和"全氟化合物的环境行为与毒理研究"。第 8 个前沿是新兴前沿"添加剂对生物柴油机性能和排放的影响"，中国热度指数排名第 3，指标 A、C、E 均空白，其他指标排名在第 2~3，美国在该前沿所有指标均空白。

第 2 组，中国处于创新行列的 1 个前沿——热点前沿"森林火灾的趋势、影响因素与森林更新机制"。中国研究前沿热度指数排名第 8，指标 A、C、E 空白，其他指标的排名也在第 5~9，美国在该前沿所有指标均排名第 1。

第 3 组是中国创新追赶的 2 个热点前沿"全球尺度外来物种入侵的评估、影响与管理"和"生态位模型及开发工具"。"全球尺度外来物种入侵的评估、影响与管理"，中国研究前沿热度指数排名第 17，指标 E 空白，其他指标排名在第 7~17；美国研究前沿热度指数排名第 4，其他指标排名第 1~9。"生态位模型及开发工具"，中国热度指数排名第 11，指标 E 空白，其他指标排名在第 2~19；美国所有指标均排名第 1（表 14.5）。

表 14.4 农业科学、植物学和动物学领域 11 个前沿中国和美国 9 个指标得分布排名对比

序号	前沿名称	国家	得分									排名								
			国家研究前沿热度指数	国家贡献度	国家影响度	A	B	C	D	E	F	国家研究前沿热度指数	国家贡献度	国家影响度	A	B	C	D	E	F
1	不同加工处理方法对粮食谷粉结构和功能特性的影响	中国	2.60	1.45	1.14	0.95	0.50	0.87	0.27	0.95	0.50	1	1	1	1	1	1	1	1	1
		美国	0.52	0.30	0.22	0.20	0.10	0.18	0.04	0.10	0.05	3	2	3	2	2	3	1	2	4
2	果蔬干燥方法及其对干制品品质的影响	中国	2.17	1.22	0.95	0.74	0.48	0.65	0.31	0.74	0.47	1	1	1	2	1	1	5	1	1
		美国	0.59	0.34	0.26	0.22	0.12	0.17	0.09	0.00	0.04	3	3	3	3	2	3	1	—	5
3	猪圆环病毒 3 型的鉴定与遗传特征分析	中国	1.69	1.19	0.50	0.55	0.64	0.39	0.10	0.55	0.62	1	1	2	1	1	1	3	1	1
		美国	0.47	0.18	0.29	0.10	0.08	0.27	0.01	0.10	0.07	2	2	2	2	2	2	7	2	2
4	食品智能包装薄膜的制备与表征	中国	1.24	0.82	0.42	0.50	0.32	0.28	0.14	0.50	0.31	1	1	1	2	2	4	1	1	1
		美国	0.32	0.17	0.15	0.09	0.08	0.11	0.04	0.00	0.04	3	2	4	3	1	2	3	—	7
5	植物中一氧化氮生理作用的调控机理	中国	0.87	0.45	0.42	0.13	0.32	0.29	0.13	0.08	0.31	2	2	2	3	1	2	1	2	1
		美国	0.66	0.29	0.36	0.17	0.13	0.24	0.12	0.08	0.08	3	3	3	2	3	3	2	2	3
6	光透导气孔响应动力学对光合作用水分利用效率的影响	中国	0.75	0.35	0.41	0.17	0.18	0.35	0.05	0.06	0.15	3	4	3	4	3	3	5	3	3
		美国	1.45	0.68	0.77	0.39	0.30	0.60	0.17	0.33	0.22	2	2	2	2	2	2	1	2	1
7	小麦基因组和转录组研究	中国	1.37	0.68	0.68	0.33	0.35	0.45	0.23	0.11	0.29	4	3	5	5	1	10	3	3	1
		美国	1.91	0.86	1.05	0.56	0.30	0.76	0.29	0.22	0.20	2	2	1	2	2	2	1	2	2

116

第14章 中美研究前沿科研实力比较研究

续表

序号	前沿名称	国家	国家研究前沿热度指数	得分 国家贡献度	国家影响度	A	B	C	D	E	F	国家研究前沿热度指数	国家贡献度	国家影响度	排名 A	B	C	D	E	F
8	植物提取物及其治疗作用研究	中国	0.18	0.13	0.06	0.00	0.13	0.00	0.06	0.00	0.12	16	15	18	—	5	—	5	—	4
		美国	1.53	0.74	0.78	0.53	0.21	0.65	0.13	0.13	0.14	1	2	1	2	1	1	1	4	2
9	生物炭和金属氧化物纳米粒子对作物生长和镉吸收的影响	中国	0.87	0.61	0.25	0.17	0.45	0.14	0.12	0.00	0.40	3	2	6	3	1	7	2	—	1
		美国	0.13	0.10	0.03	0.00	0.10	0.00	0.03	0.00	0.04	11	11	11	—	3	—	5	—	5
10	昆虫粉作为新型可再生动物饲料资源的开发和利用	中国	0.13	0.11	0.02	0.00	0.11	0.00	0.02	0.00	0.10	10	7	17	—	2	—	6	—	2
		美国	0.26	0.16	0.11	0.06	0.10	0.08	0.02	0.00	0.06	4	4	6	5	3	6	3	—	3
11	可降解废弃物资源化利用生物学调整技术及机制研究	中国	3.29	1.95	1.34	1.00	0.95	1.00	0.34	1.00	0.93	1	1	1	1	1	1	1	1	1
		美国	0.05	0.05	0.00	0.00	0.05	0.00	0.00	0.00	0.05	3	2	4	—	2	—	4	—	2

表 14.5 生态与环境科学领域 11 个前沿中国和美国 9 个指标得分和排名对比

序号	前沿名称	国家	得分									排名								
			国家研究前沿热度指数	国家贡献度	国家影响度	A	B	C	D	E	F	国家研究前沿热度指数	国家贡献度	国家影响度	A	B	C	D	E	F
1	污水处理厂中微塑料污染的发生、归趋、检测与消除	中国	0.52	0.42	0.11	0.19	0.23	0.06	0.05	0.19	0.21	2	1	8	1	1	8	5	1	1
		美国	0.65	0.33	0.32	0.19	0.14	0.26	0.06	0.13	0.11	1	2	1	1	2	2	1	3	2
2	电容去离子技术及在海水淡化中的应用	中国	1.51	0.87	0.65	0.43	0.43	0.52	0.12	0.26	0.38	2	1	1	1	1	1	1	1	1
		美国	0.77	0.50	0.28	0.26	0.24	0.20	0.08	0.26	0.19	1	2	6	2	2	6	2	1	2
3	全球尺度外来物种入侵的评估、影响与管理	中国	0.45	0.23	0.23	0.15	0.08	0.19	0.04	0.00	0.04	17	15	17	17	12	17	14	—	7
		美国	1.28	0.64	0.64	0.35	0.29	0.49	0.14	0.09	0.19	4	4	6	8	1	9	1	5	1
4	森林火灾的趋势、影响因素与森林更新机制	中国	0.07	0.05	0.02	0.00	0.05	0.00	0.02	0.00	0.03	8	7	9	—	6	—	8	—	5
		美国	3.08	1.74	1.34	1.00	0.74	1.00	0.34	0.87	0.66	1	1	1	1	1	1	1	1	1
5	天气模式和边界层结构对大气溶胶污染的影响	中国	3.20	1.83	1.37	1.00	0.83	1.00	0.37	0.92	0.79	1	1	1	1	1	1	1	1	1
		美国	1.83	0.93	0.89	0.58	0.35	0.69	0.21	0.33	0.16	2	2	2	2	2	2	2	2	2
6	全球汞排放的时空特征与趋势	中国	1.49	0.86	0.63	0.42	0.43	0.44	0.20	0.21	0.39	2	2	2	2	1	2	2	2	1
		美国	1.98	1.10	0.88	0.74	0.37	0.68	0.20	0.63	0.22	1	1	1	1	2	1	2	1	2

第14章 中美研究前沿科研实力比较研究

续表

序号	前沿名称	国家	得分									排名						
			国家研究前沿热度指数	国家贡献度	国家影响度	A	B	C	D	E	F	国家研究前沿热度指数	国家贡献度	国家影响度	A	B	C	D	E	F
7	生态位模型及开发工具	中国	0.21	0.17	0.04	0.06	0.11	0.00	0.03	0.00	0.10	11	7	16	9	2	19	9	—	2
		美国	2.08	1.08	0.99	0.71	0.38	0.78	0.22	0.53	0.25	1	1	1	1	1	1	1	1	1
8	微生物种间电子转移的机理及应用	中国	1.84	1.01	0.83	0.50	0.51	0.70	0.13	0.28	0.47	1	1	1	2	1	1	1	2	1
		美国	1.62	0.85	0.77	0.61	0.23	0.67	0.10	0.56	0.15	2	2	2	1	2	2	2	1	2
9	厌氧氨氧化技术及在污水处理中的应用	中国	1.67	1.08	0.59	0.50	0.58	0.39	0.20	0.50	0.54	1	1	1	1	1	1	1	1	1
		美国	0.50	0.32	0.19	0.18	0.14	0.13	0.06	0.11	0.08	3	2	6	2	2	6	2	2	2
10	全氟化合物的环境行为与毒理研究	中国	0.87	0.56	0.31	0.21	0.35	0.16	0.15	0.21	0.31	3	2	4	3	2	5	2	2	1
		美国	1.60	0.86	0.75	0.50	0.36	0.58	0.16	0.36	0.29	1	1	1	1	1	1	1	1	2
11	添加剂对生物柴油机性能和排放的影响	中国	0.10	0.09	0.01	0.00	0.09	0.00	0.01	0.00	0.06	3	3	3	—	2	—	3	—	3
		美国	0.00	0.00	0.00	0.00	0.00	0.00	0.00	0.00	0.00	—	—	—	—	—	—	—	—	—

119

14.3.3 地球科学领域

地球科学领域共遴选出 11 个前沿，包括 10 个热点前沿和 1 个新兴前沿，根据中国的表现可以分为 4 组。包括中国处于创新卓越地位的 2 个前沿（占比 18.18%）、处于创新前列的 3 个前沿、处于创新行列的 3 个前沿和 3 个创新追赶的前沿。

第 1 组，中国处于创新卓越地位的 2 个前沿。"天然气水合物成藏特征和开采工艺研究"，中国研究前沿热度指数排名第 1，指标 E 排名第 2，其他指标均排名第 1~4；美国研究前沿热度指数排名第 2，指标 E 排名第 1，其他指标均排名第 1~4。"利用机器学习方法分析滑坡敏感性"，中国研究前沿热度指数和指标 E 均排名第 2，其他指标均排名第 1~3；美国研究前沿热度指数排名第 9，指标 E 空白，其他指标均排名第 8~10。

第 2 组，中国处于创新前列、美国处于创新卓越状态的 3 个前沿。热点前沿"'哨兵'和 Landsat 系列卫星反射率数据产品性能分析"，中国研究前沿热度指数排名第 4，指标 A、C、E 均空白，其他指标均排名第 2~6，美国所有指标都排名第 1。"基于卫星数据分析日光诱导叶绿素荧光与植被光合作用的关系"，中国研究前沿热度指数排名第 4，指标 E 排名第 2，其他指标均排名第 2~10，美国所有指标均排名第 1。"北大西洋经向翻转环流的观测研究"，中国研究前沿热度指数排名第 6，指标 E 空白，其他指标均排名第 4~10；美国除指标 E 排名第 2 外，其他指标均排名第 1。

第 3 组，中国处于创新行列、美国处于创新卓越或创新前列的 3 个前沿。"全球冰川物质平衡变化及影响分析"，中国研究前沿热度指数排名第 9，指标 A、C、E 均空白，其他指标排名第 1~11；美国研究前沿热度指数排名第 4，指标 E 排名第 3，其他指标排名第 2~6。"海洋亚中尺度动力过程及观测研究"，中国研究前沿热度指数排名第 8，指标 A、C、E 均空白，其他指标排名在第 2~12；美国所有指标均排名第 1。"流体注入引发的地震活动研究"，中国研究前沿热度指数排名第 10，指标 A、C、E 均空白，其他指标排名在第 3~11；美国所有指标均排名第 1。

第 4 组，中国处于创新追赶的 3 个前沿，美国在领跑这些前沿。"'土壤湿度主动-被动测量'和'土壤湿度和海洋盐度'卫星数据产品的比较验证"，中国研究前沿热度指数排名第 12，指标 E 空白，其他指标排名在第 2~20；美国所有指标均排名第 1。"利用好奇号开展盖尔陨石坑的岩石矿物学研究"，中国研究前沿热度指数排名第 17，指标 A、C、E 均空白，其他指标排名在第 6~20；美国所有指标均排名第 1。"印度尼西亚火山喷发预测模型研究"，中国研究前沿热度指数排名第 16，指标 A、C、E、F 均空白，其他指标排名在第 14~17；美国除指标 D 排名第 2 以外，其他指标均排名第 1（表 14.6）。

第14章 中美研究前沿科研实力比较研究

表 14.6 地球科学领域 11 个前沿中国和美国 9 个指标得分分布和排名对比

序号	前沿名称	国家	国家研究前沿热度指数	国家贡献度	国家影响度	得分 A	得分 B	得分 C	得分 D	得分 E	得分 F	排名 国家研究前沿热度指数	排名 国家贡献度	排名 国家影响度	排名 A	排名 B	排名 C	排名 D	排名 E	排名 F
1	利用机器学习方法分析滑坡敏感性	中国	1.54	0.91	0.64	0.53	0.38	0.55	0.09	0.28	0.30	2	2	2	2	1	2	3	2	1
		美国	0.40	0.26	0.14	0.15	0.11	0.12	0.02	0.00	0.02	9	9	9	9	8	9	9	—	10
2	全球冰川物质平衡变化及影响分析	中国	0.50	0.35	0.14	0.00	0.35	0.00	0.14	0.00	0.29	9	7	11	—	1	—	2	—	1
		美国	0.91	0.56	0.36	0.33	0.22	0.24	0.11	0.11	0.11	4	3	6	3	3	6	3	3	2
3	天然气水合物成藏特征和开采工艺研究	中国	1.09	0.59	0.50	0.22	0.37	0.39	0.11	0.19	0.34	1	2	1	4	1	1	2	2	1
		美国	1.03	0.71	0.33	0.50	0.21	0.22	0.11	0.36	0.12	2	1	3	1	2	4	1	1	2
4	海洋亚中尺度动力过程及观测研究	中国	0.18	0.14	0.03	0.00	0.14	0.00	0.03	0.00	0.12	8	8	12	—	3	—	6	—	2
		美国	2.94	1.61	1.33	1.00	0.61	1.00	0.33	0.82	0.43	1	1	1	1	1	1	1	1	1
5	哨兵和 Landsat 系列卫星反射率数据产品性能分析	中国	0.36	0.28	0.09	0.00	0.28	0.00	0.09	0.00	0.24	4	2	6	—	2	—	2	—	2
		美国	2.56	1.34	1.22	0.92	0.42	0.94	0.29	0.85	0.32	1	1	1	1	1	1	1	1	1
6	"土壤湿度主动-被动测量"和"土壤湿度和海洋盐度"卫星数据产品的比较验证	中国	0.50	0.37	0.13	0.13	0.25	0.03	0.09	0.00	0.19	12	8	19	13	2	20	3	—	2
		美国	2.81	1.53	1.28	0.94	0.59	0.96	0.32	0.56	0.40	1	1	1	1	1	1	1	1	1
7	流体注入引发的地震活动研究	中国	0.13	0.11	0.02	0.00	0.11	0.00	0.02	0.00	0.08	10	10	11	—	3	—	4	—	3
		美国	1.97	1.03	0.94	0.50	0.53	0.75	0.19	0.38	0.43	1	1	1	1	1	1	1	1	1
8	基于卫星数据分析日光诱导叶绿素荧光与植被光合作用的关系	中国	0.75	0.56	0.19	0.27	0.29	0.14	0.04	0.12	0.21	4	3	10	4	2	10	6	2	2
		美国	2.37	1.33	1.04	0.81	0.52	0.89	0.15	0.58	0.35	1	1	1	1	1	1	1	1	1

121

续表

序号	前沿名称	国家	得分							排名						
			国家研究前沿热度指数	国家贡献度	国家影响度	A	B	C	D	E	F	国家研究前沿热度指数	国家贡献度	国家影响度	A	B	C	D	E	F
9	北大西洋经向翻转环流的观测研究	中国	0.41	0.28	0.13	0.18	0.10	0.09	0.04	0.00	0.06	6	6	8	5	6	5	10	—	4
		美国	2.41	1.36	1.05	0.82	0.54	0.80	0.25	0.45	0.39	1	1	1	1	1	1	1	2	1
10	利用好奇号开展盖尔陨石坑的岩石矿物学研究	中国	0.05	0.05	0.01	0.00	0.05	0.00	0.01	0.00	0.03	17	17	20	—	9	—	19	—	6
		美国	2.85	1.64	1.21	0.96	0.69	0.98	0.23	0.83	0.51	1	1	1	1	1	1	1	1	1
11	印度尼西亚火山喷发预测模型研究	中国	0.04	0.03	0.01	0.00	0.03	0.00	0.01	0.00	0.00	16	14	17	—	14	—	17	—	—
		美国	2.48	1.36	1.12	0.86	0.51	0.93	0.19	0.57	0.33	1	1	1	1	1	1	2	1	1

14.3.4 临床医学领域

临床医学领域包括10个热点前沿和14个新兴前沿。美国有23个前沿均处于创新卓越的地位。中国仅仅有4个前沿进入创新卓越地位，占16.67%，中国的2个前沿处于创新前列，5个前沿处于创新行列，13个前沿处于创新追赶状态（占54.17%），也就是说，该领域中国在一半以上的前沿处于创新追赶状态。

第1组，中国处于创新卓越地位的4个前沿，热点前沿"人工智能与深度学习在眼科领域应用"，中国指标C排名第3，其他各指标均排名第2，美国各指标均排名第1。新兴前沿"PARP抑制剂抗癌及联合免疫疗法抗癌"，中国研究前沿热度指数排名第2，指标E空白，其他指标都排名第2~3，美国各指标均排名第1。新兴前沿"靶向BCMA的多发性骨髓瘤CAR-T疗法"，中国研究前沿热度指数排名第2，其他指标都排名第2~3，美国各指标均排名第1。新兴前沿"卷积神经网络内窥镜实时识别胃肠道肿瘤"，中国研究前沿热度指数排名第3，其他指标都排名第2~6，美国各指标排名第1~5。

第2组，中国处于创新前列的2个前沿，新兴前沿"肠道微生物与自身免疫性疾病关系"，中国研究前沿热度指数排名第6，指标A、C、E空白，其他指标排名均在第2~6，美国各指标排名均为第1。新兴前沿"噬菌体与炎性肠疾病关系"，中国研究前沿热度指数排名第4，指标E排名第3，其他指标排名均在第3~8，美国各指标排名均为第1。

第3组，中国处于创新行列的5个前沿。热点前沿"急性髓系白血病分子靶向治疗"，中国研究前沿热度指数排名第10，指标E空白，其他指标均排名第2~10，美国所有指标都排名第1。热点前沿"供体肝机械灌注保存"，中国研究前沿热度指数排名第9，指标E排名第5，其他指标排名第2~11；美国的研究前沿热度指数排名第2，指标E排名第1，其他指标排名第1~3。新兴前沿"不适合强化治疗的急性髓系白血病患者联合治疗方案"，中国研究前沿热度指数排名第9，指标A、C、E空白，其他指标排名均在第2~11，美国各指标排名均为第1。新兴前沿"循环肿瘤细胞参与肿瘤转移机制"，中国研究前沿热度指数排名第7，指标A、C、E空白，其他指标排名均在第2~8，美国各指标排名均为第1或第2。新兴前沿"新生抗原疫苗免疫治疗胶质母细胞瘤"，中国研究前沿热度指数排名第9，指标A、C、E空白，其他指标排名均在第2~9，美国各指标排名均为第1。

第4组，中国处于创新追赶的13个前沿，包括7个热点前沿"肿瘤免疫治疗超进展现象""白细胞介素单抗治疗中重度特应性皮炎""生物类似药与原研药可互换性""血液神经丝轻链蛋白作为神经系统疾病生物标志物""CGRP单抗新药用于偏头痛预防性治疗""阿尔茨海默病tau蛋白PET影像诊断""肿瘤免疫检查点抑制剂治疗相关不良反应管理"和6个新兴前沿"口服 GLP-1RA 药索马鲁肽：2型糖尿病治疗新选择""PD-1/PD-L1 抗体联合疗法用于晚期肾细胞癌一线治疗""依鲁替尼联合疗法治疗慢性淋巴细胞白血病""转移性前列腺癌放疗效益""深度学习识别皮肤肿瘤""乙肝病毒阳性捐赠者器官移植"。这 13 个前沿中，中国研究前沿热度指数排名均在第 11~41，美国研究前沿热度指数排名均在第 1~3（只有一个新兴前沿"转移性前列腺癌放疗效益"排名第 4）（表 14.7）。

14.3.5 生物科学领域

生物科学领域共遴选出 19 个前沿，包括 10 个热点前沿和 9 个新兴前沿。美国在 17 个前沿处于创新卓越状态，1 个前沿处于创新前列状态，1 个前沿处于创新行列状态；中国在 6 个前沿（占比 31.58%）处于创新卓越状态，4 个处于创新前列状态，7 个处于创新行列状态，2 个处于创新追赶状态。

第 1 组是中国处于创新卓越的 6 个前沿，在这些前沿上中国有若干有影响度的重要成果产出。其中 3 个前沿，中国研究前沿热度指数排名第 1。热点前沿"纳米粒介导的脑药物传递"，中国所有指数均排名第 1，美国研究前沿热度指数均排名第 2。热点前沿"多黏菌素耐药基因的鉴定和表达"中国的指标 D 排名第 2，其他指标均排名第 1，美国的研究前沿热度指数排名第 2，其余指标均排名第 1~3。新兴前沿"长链非编码 RNA 调控肿瘤形成研究"，中国所有指数均排名第 1，美国的研究前沿热度指数排名第 4，指标 A、C、E 均空白，其余指标均排名第 2~5。

3 个前沿，中国研究前沿热度指数排名第 2：热点前沿"肠道微生物群与自闭症"，中国研究前沿热度指数和指标 E 均排名第 2，其他指标也排名第 2~6，美国研究前沿热度指数均排名第 1。热点前沿"基于 microRNA 的肿瘤治疗"，中国研究前沿热度指数排名第 2，指标 E 空白，其他指标排名在第 1~7；美国除指标 B 和 F 排名第 2 外，其余指标均排名第 1。新兴前沿"基于 CRISPR 系统的单碱基基因编辑技术的脱靶效应"，中国研究前沿热度指数排名第 2，指标 E 排名第 1，其他指标排名在第 1~2；美国除指标 B 和 F 排名第 2 外，其余指标均排名第 1。

第 2 组是中国处于创新前列的 4 个前沿。热点前沿"小分子 PROTACs 对蛋白质的靶向降解"，中国研究前沿热度指数排名第 4，指标 E 排名第 3，其他指标都排名在第 2~7，美国各个指标都排名第 1。热点前沿"氯胺酮抗抑郁作用机制的研究"，中国研究前沿热度指数排名第 4，指标 E 空白，其他指标均排名在第 2~6，美国所有指标都排名第 1。新兴前沿"病毒特异性记忆 T 细胞植入肿瘤"，中国研究前沿热度指数排名第 6，指标 A、C、E 空白，其他指标均排名在第 2~9；美国除了指标 C 排名第 3，其他指标都排名第1。热点前沿"碳酸酐酶抑制剂",中国研究前沿热度指数排名第4,指标E排名第2,其他指标都排名在第2~7,美国热度指数排名第10,指标A、C、E空白。

第3组是中国处于创新行列的7个热点前沿,这些前沿上中国排名靠后,但仍有重要成果(核心论文)产出,只是尚未产生重大影响,美国在这些前沿均领跑。热点前沿"多药耐药auris假丝酵母菌的分子流行病学分析",中国研究前沿热度指数排名第9,指标E排名第5,其他指标均排名第4~19;美国除了国家影响度和指标C排名第3以外,其他指标均排名第1。新兴前沿"人类肠道微生物群的新基因组",中国研究前沿热度指数排名第8,指标E排名第2,其他指标都排名第2~14,美国各指标均排名第1~2。

热点前沿"活化小胶质细胞诱导神经毒性反应性星形胶质细胞",中国研究前沿热度指数排名第7,指标A、C、E均空白,其他指标都排名第2~10,美国所有指标均排名第1。新兴前沿"单细胞RNA测序技术",中国研究前沿热度指数排名第8,指标A、C、E均空白,其他指标都排名第2~10,美国各指标均排名第1~2。新兴前沿"T细胞功能障碍与检测点免疫治疗反应",中国研究前沿热度指数排名第7,指标A、C、E均空白,其他指标都排名第2~14,美国各指标均排名第1。

热点前沿"神经系统疾病中的淋巴通路",中国研究前沿热度指数排名第7,指标E空白,其他指标都排名第2~8,美国各指标均排名第1。新兴前沿"血脑屏障破坏是人类认知功能障碍的早期生物标志物",中国研究前沿热度指数排名第7,指标E空白,其他指标都排名第2~13,美国各指标均排名第1。

第4组是中国处于创新追赶状态2个前沿。新兴前沿"抑郁症相关的基因",中国研究前沿热度指数排名第18,指标E空白,其他指标排名在第5~18,也表明中国在该前沿论文产出指标相对排名靠前,但影响度排名靠后;美国所有指标都排名第1。新兴前沿"阿尔茨海默病的遗传荟萃分析",中国研究前沿热度指数排名第22,指标A、C、E均空白,其他指标排名在第3~22,美国所有指标都排名第1(表14.8)。

表 14.7 临床医学领域 24 个前沿中国和美国 9 个指标得分和排名对比

序号	前沿名称	国家	得分								排名							
			国家研究前沿热度指数	国家贡献度	国家影响度	A	B	C	D	E	F	国家研究前沿热度指数	国家贡献度	国家影响度	A	B	C	D	E	F
1	肿瘤免疫治疗超进展现象	中国	0.18	0.12	0.06	0.00	0.12	0.00	0.06	0.00	0.11	11	10	11	—	4	—	4	—	3
		美国	1.61	0.71	0.90	0.31	0.40	0.56	0.33	0.23	0.33	2	1	2	2	1	2	1	2	1
2	急性髓系白血病分子靶向治疗	中国	0.28	0.18	0.10	0.08	0.10	0.06	0.03	0.00	0.08	10	8	10	8	3	10	10	—	2
		美国	3.03	1.57	1.46	1.00	0.57	1.00	0.46	1.00	0.52	1	1	1	1	1	1	1	1	1
3	供体肝机械灌注保存	中国	0.49	0.29	0.20	0.15	0.15	0.18	0.02	0.04	0.13	9	6	10	9	4	10	11	5	2
		美国	1.08	0.62	0.46	0.33	0.28	0.36	0.10	0.22	0.23	2	2	3	3	1	3	2	1	1
4	人工智能与深度学习在眼科领域应用	中国	0.84	0.57	0.26	0.33	0.24	0.18	0.09	0.19	0.20	2	2	2	3	2	3	2	2	2
		美国	2.28	1.17	1.11	0.76	0.41	0.85	0.26	0.52	0.33	1	1	1	1	1	1	1	1	1
5	白细胞介素单抗治疗中重度特应性皮炎	中国	0.04	0.03	0.01	0.00	0.03	0.00	0.01	0.00	0.02	20	18	21	—	12	—	19	—	10
		美国	2.66	1.43	1.23	0.94	0.49	0.98	0.25	0.72	0.41	1	1	1	1	1	1	1	1	1
6	生物类似药与原研药可互换性	中国	0.06	0.03	0.03	0.00	0.03	0.00	0.03	0.00	0.02	35	37	35	—	19	—	19	—	12
		美国	0.66	0.46	0.20	0.21	0.25	0.13	0.07	0.15	0.16	3	1	12	5	1	13	1	1	1
7	血液神经丝轻链蛋白作为神经系统疾病生物标志物	中国	0.10	0.09	0.02	0.00	0.09	0.00	0.02	0.00	0.08	18	14	21	—	6	—	16	—	4
		美国	1.20	0.62	0.58	0.31	0.31	0.43	0.15	0.08	0.21	3	3	3	4	1	3	2	4	1
8	CGRP 单抗新药用于偏头痛预防性治疗	中国	0.08	0.07	0.01	0.00	0.07	0.00	0.01	0.00	0.07	14	9	19	—	6	—	12	—	3
		美国	2.22	1.25	0.97	0.78	0.47	0.80	0.17	0.63	0.38	1	1	1	1	1	1	1	1	1
9	阿尔茨海默病 tau 蛋白 PET 影像诊断	中国	0.10	0.08	0.02	0.02	0.05	0.02	0.00	0.00	0.04	16	14	18	13	11	16	20	—	6
		美国	2.24	1.28	0.96	0.79	0.49	0.80	0.16	0.62	0.38	1	1	1	1	1	1	1	1	1

第14章 中美研究前沿科研实力比较研究

续表

| 序号 | 前沿名称 | 国家 | 得分 ||||||| 排名 |||||||
			国家研究前沿热度指数	国家贡献度	国家影响度	A	B	C	D	E	F	国家研究前沿热度指数	国家贡献度	国家影响度	A	B	C	D	E	F
10	肿瘤免疫检查点抑制剂治疗相关不良反应管理	中国	0.09	0.08	0.01	0.00	0.08	0.00	0.01	0.00	0.07	11	9	14	—	4	—	12	—	4
		美国	1.94	1.02	0.92	0.59	0.43	0.75	0.17	0.56	0.38	1	1	1	1	1	1	1	1	1
11	口服 GLP-1RA 药索马鲁肽：2 型糖尿病治疗新选择	中国	0.02	0.02	0.00	0.00	0.02	0.00	0.00	0.00	0.01	41	38	—	—	30	1	—	—	13
		美国	3.05	1.40	1.65	1.00	0.40	1.00	0.65	0.25	0.30	1	1	1	1	1	1	1	2	1
12	不适合强化治疗的急性髓系白血病患者联合治疗方案	中国	0.10	0.08	0.02	0.00	0.08	0.00	0.02	0.00	0.07	9	9	11	—	3	—	6	—	2
		美国	3.03	1.57	1.45	1.00	0.57	1.00	0.45	0.67	0.51	1	1	1	1	1	1	1	1	1
13	循环肿瘤细胞参与肿瘤转移机制	中国	0.27	0.20	0.07	0.00	0.20	0.00	0.07	0.00	0.16	7	5	8	—	2	—	6	—	2
		美国	1.35	0.88	0.47	0.50	0.38	0.23	0.24	0.25	0.31	1	1	2	1	1	2	2	2	1
14	新生抗原疫苗免疫治疗胶质母细胞瘤	中国	0.32	0.17	0.14	0.00	0.17	0.00	0.14	0.00	0.13	9	9	9	—	3	—	2	—	2
		美国	2.81	1.46	1.35	1.00	0.46	1.00	0.35	0.50	0.40	1	1	1	1	1	1	1	1	1
15	PARP 抑制剂抗癌及联合免疫疗法抗癌	中国	0.99	0.46	0.53	0.29	0.18	0.40	0.13	0.00	0.15	2	2	2	2	2	2	3	—	2
		美国	3.04	1.55	1.49	1.00	0.55	1.00	0.49	0.86	0.45	1	1	1	1	1	1	1	1	1
16	PD-1/PD-L1 抗体联合疗法用于晚期肾细胞癌一线治疗	中国	0.62	0.35	0.27	0.25	0.10	0.17	0.11	0.00	0.09	17	15	16	15	4	17	11	—	3
		美国	3.08	1.47	1.61	1.00	0.47	1.00	0.61	1.00	0.39	1	1	1	1	1	1	1	1	1
17	依鲁替尼联合疗法治疗慢性淋巴细胞白血病	中国	0.06	0.06	0.00	0.00	0.06	0.00	0.00	0.00	0.05	19	18	—	—	5	—	—	—	3
		美国	2.87	1.35	1.51	0.83	0.52	0.95	0.56	0.50	0.46	1	1	1	1	1	1	1	1	1
18	肠道微生物与自身免疫性疾病关系	中国	0.35	0.21	0.14	0.00	0.21	0.00	0.14	0.00	0.18	6	6	6	—	2	—	3	—	2
		美国	2.57	1.18	1.40	0.75	0.43	0.92	0.48	0.75	0.38	1	1	1	1	1	1	1	1	1

127

续表

| 序号 | 前沿名称 | 国家 | 得分 ||||||| 排名 |||||||
			国家研究前沿热度指数	国家贡献度	国家影响度	A	B	C	D	E	F	国家研究前沿热度指数	国家贡献度	国家影响度	A	B	C	D	E	F
19	靶向BCMA的多发性骨髓瘤CAR-T疗法	中国	0.88	0.51	0.36	0.33	0.18	0.20	0.16	0.33	0.16	2	2	3	2	2	3	2	2	2
		美国	2.55	1.24	1.32	0.67	0.57	0.80	0.52	0.67	0.53	1	1	1	1	1	1	1	1	1
20	转移性前列腺癌放疗效益	中国	0.06	0.05	0.00	0.00	0.05	0.00	0.00	0.00	0.04	12	11	17	—	11	—	17	—	9
		美国	0.97	0.70	0.27	0.33	0.36	0.06	0.21	0.00	0.26	4	3	4	3	1	4	3	—	1
21	噬菌体与炎性肠病关系	中国	0.42	0.26	0.16	0.17	0.09	0.07	0.08	0.17	0.08	4	4	4	3	5	3	8	3	3
		美国	2.39	1.09	1.30	0.67	0.42	0.85	0.44	0.67	0.39	1	1	1	1	1	1	1	1	1
22	深度学习识别皮肤肿瘤	中国	0.14	0.13	0.02	0.00	0.13	0.00	0.02	0.00	0.12	19	16	19	—	3	—	12	—	2
		美国	1.86	0.75	1.11	0.44	0.30	0.73	0.38	0.11	0.23	1	2	1	2	2	1	1	1	1
23	乙肝病毒阳性捐赠者器官移植	中国	0.01	0.01	0.00	0.00	0.01	0.00	0.00	0.00	0.00	15	11	14	—	11	—	14	—	12
		美国	3.29	1.79	1.50	1.00	0.79	1.00	0.50	1.00	0.75	1	1	1	1	1	1	1	1	1
24	卷积神经网络内窥镜实时识别胃肠道肿瘤	中国	0.61	0.44	0.17	0.22	0.22	0.07	0.10	0.22	0.22	3	3	5	3	2	6	3	2	2
		美国	1.49	0.70	0.80	0.56	0.14	0.45	0.35	0.11	0.05	1	1	1	1	3	1	1	3	5

第14章 中美研究前沿科研实力比较研究

表 14.8 生物科学领域 19 个前沿中国和美国 9 个指标得分分布排名对比

序号	前沿名称	国家	得分 国家研究前沿热度指数	得分 国家贡献度	得分 国家影响度	得分 A	得分 B	得分 C	得分 D	得分 E	得分 F	排名 国家研究前沿热度指数	排名 国家贡献度	排名 国家影响度	排名 A	排名 B	排名 C	排名 D	排名 E	排名 F
1	多药耐药 auris 假丝酵母菌的分子流行病学分析	中国	0.15	0.13	0.02	0.05	0.08	0.01	0.01	0.05	0.06	9	5	18	7	5	19	9	5	4
		美国	1.24	0.78	0.46	0.41	0.37	0.39	0.07	0.34	0.30	1	1	3	1	1	3	1	1	1
2	活化小胶质细胞诱导神经毒性反应性星形胶质细胞	中国	0.15	0.12	0.04	0.00	0.12	0.00	0.04	0.00	0.10	7	7	10	—	3	—	7	—	2
		美国	2.91	1.45	1.45	1.00	0.45	1.00	0.45	0.83	0.38	1	1	1	1	1	1	1	1	1
3	纳米粒介导的脑药物传递	中国	1.44	0.82	0.62	0.47	0.35	0.40	0.22	0.42	0.33	1	1	1	1	1	1	1	2	1
		美国	0.89	0.52	0.37	0.32	0.20	0.23	0.14	0.26	0.16	2	2	2	2	2	2	2	2	2
4	小分子 PROTACs 对蛋白质的靶向降解	中国	0.24	0.21	0.03	0.07	0.14	0.02	0.01	0.04	0.11	4	3	7	5	2	7	4	3	1
		美国	2.40	1.37	1.02	0.82	0.55	0.89	0.13	0.76	0.48	1	1	1	1	1	1	1	1	1
5	多黏菌素耐药基因的鉴定和表达	中国	1.53	0.68	0.86	0.44	0.23	0.75	0.11	0.44	0.21	1	1	1	1	1	1	2	2	1
		美国	1.24	0.45	0.80	0.22	0.22	0.63	0.17	0.11	0.15	2	2	2	3	2	3	1	1	2
6	肠道微生物群与自闭症	中国	0.36	0.26	0.10	0.10	0.16	0.06	0.04	0.10	0.14	2	2	5	2	2	6	3	2	2
		美国	1.95	1.06	0.89	0.65	0.41	0.68	0.21	0.55	0.34	1	1	1	1	1	1	1	1	1
7	神经系统疾病中的淋巴通路	中国	0.28	0.17	0.10	0.07	0.10	0.08	0.02	0.00	0.09	7	5	8	8	3	8	6	—	2
		美国	2.33	1.30	1.03	0.81	0.48	0.83	0.20	0.70	0.40	1	1	1	1	1	1	1	1	1
8	碳酸酐酶抑制剂	中国	0.21	0.17	0.03	0.02	0.15	0.02	0.01	0.02	0.15	4	4	7	4	2	6	5	2	2
		美国	0.04	0.04	0.00	0.00	0.04	0.00	0.00	0.00	0.02	10	8	10	—	7	—	6	—	9
9	氯胺酮抗抑郁作用机制的研究	中国	0.28	0.20	0.08	0.07	0.13	0.05	0.03	0.00	0.10	4	4	6	6	2	6	4	2	2
		美国	2.35	1.31	1.05	0.83	0.47	0.86	0.18	0.73	0.41	1	1	1	1	1	1	1	1	1
10	基于 microRNA 的肿瘤治疗	中国	0.75	0.54	0.21	0.13	0.42	0.01	0.20	0.00	0.40	2	2	3	3	1	7	2	—	1
		美国	2.11	1.01	1.10	0.75	0.26	0.82	0.27	0.50	0.21	1	1	1	1	2	1	1	1	2

续表

序号	前沿名称	国家	得分 国家研究前沿热度指数	得分 国家贡献度	得分 国家影响度	得分 A	得分 B	得分 C	得分 D	得分 E	得分 F	排名 国家研究前沿热度指数	排名 国家贡献度	排名 国家影响度	排名 A	排名 B	排名 C	排名 D	排名 E	排名 F
11	单细胞RNA测序技术	中国	0.13	0.11	0.02	0.00	0.11	0.00	0.02	0.00	0.08	8	7	10	—	4	—	8	—	2
		美国	1.81	1.01	0.81	0.50	0.51	0.54	0.26	0.33	0.42	1	1	2	1	1	2	2	1	1
12	基于CRISPR系统的单碱基基因编辑技术的脱靶效应	中国	2.02	1.02	1.00	0.57	0.45	0.72	0.28	0.57	0.45	2	2	2	2	1	2	2	1	1
		美国	2.35	1.09	1.25	0.71	0.38	0.87	0.39	0.57	0.32	1	1	1	1	2	1	1	1	2
13	人类肠道微生物群的新基因组	中国	0.51	0.34	0.18	0.20	0.14	0.15	0.03	0.20	0.10	8	5	9	5	2	8	14	2	2
		美国	1.71	0.83	0.87	0.40	0.43	0.46	0.42	0.20	0.34	1	1	2	2	1	2	1	2	1
14	抑郁症相关的基因	中国	0.68	0.28	0.40	0.20	0.08	0.22	0.18	0.00	0.06	18	18	18	18	9	18	15	—	5
		美国	3.17	1.55	1.62	1.00	0.55	1.00	0.62	0.80	0.35	1	1	1	1	1	1	1	1	1
15	T细胞功能障碍与检测点免疫治疗反应	中国	0.11	0.10	0.01	0.00	0.10	0.00	0.01	0.00	0.09	7	6	14	—	3	—	14	—	2
		美国	2.54	1.31	1.23	0.75	0.56	0.80	0.44	0.75	0.49	1	1	1	1	1	1	1	1	1
16	血脑屏障破坏是人类认知功能障碍的早期生物标志物	中国	0.57	0.35	0.22	0.25	0.10	0.19	0.03	0.00	0.09	7	3	10	2	3	2	13	—	2
		美国	2.94	1.51	1.44	1.00	0.51	1.00	0.44	1.00	0.42	1	1	1	1	1	1	1	1	1
17	病毒特异性记忆T细胞治疗人肿瘤	中国	0.18	0.13	0.05	0.00	0.13	0.00	0.05	0.00	0.11	6	6	9	—	2	—	8	—	2
		美国	1.89	1.16	0.73	0.67	0.49	0.34	0.39	0.67	0.41	1	1	2	1	1	3	1	1	1
18	长链非编码RNA调控肿瘤形成研究	中国	3.17	1.73	1.44	0.86	0.87	0.72	0.73	0.86	0.87	1	1	1	1	1	1	1	1	1
		美国	0.08	0.04	0.04	0.00	0.04	0.00	0.04	0.00	0.02	4	3	5	—	2	—	4	—	2
19	阿尔茨海默病的遗传荟萃分析	中国	0.12	0.10	0.02	0.00	0.10	0.00	0.02	0.00	0.09	22	21	22	—	7	—	22	—	3
		美国	3.34	1.55	1.79	1.00	0.55	1.00	0.79	0.33	0.39	1	1	1	1	1	1	1	1	1

14.3.6 化学与材料科学领域

化学与材料科学领域共遴选出 16 个前沿，包括 10 个热点前沿和 6 个新兴前沿。中国在 16 个前沿（占比 100.00%）处于创新卓越状态。美国在 15 个前沿（93.75%）处于创新卓越状态，1 个前沿处于创新前列状态。

第 1 组，中国和美国均处于创新卓越位势。中国在热点前沿"氮杂环卡宾催化"和新兴前沿"可生物降解的传感器材料在生物医学领域的应用"研究前沿热度指数排名第 2，其他 14 个前沿均排名第 1。新兴前沿"可生物降解的传感器材料在生物医学领域的应用"，美国的研究前沿热度指数和指标 E 均排名第 1，其他指标排名第 1 或第 2。

以下 9 个前沿，美国的研究前沿热度指数排名第 2。其中，热点前沿"金属有机框架化合物用于气体分离和纯化"，指标 E 排名第 1。热点前沿"近红外二区荧光探针用于生物医学成像""对映选择性合成阻旋异构体""电化学促进的碳氢键官能团化反应""水系锌离子电池正极材料""仿生肌肉水凝胶"和新兴前沿"过渡金属磷化物作为电催化剂用于析氢反应"6 个前沿，美国的研究前沿热度指数和指标 E 均排名第 2。热点前沿"无铅储能陶瓷"，美国的研究前沿热度指数排名第 2，指标 E 排名第 4。新兴前沿"具有聚集诱导发射特性的纳米粒子用于细胞光声成像"，美国的研究前沿热度指数排名第 2，但指标 A、C、E 均空白。

热点前沿"有机室温磷光材料""石墨炔研究""氮杂环卡宾催化"和新兴前沿"等离子体用于废水处理""可充电的锌空气电池"5 个前沿，美国的研究前沿热度指数排名第 3。其中热点前沿"氮杂环卡宾催化"美国的指标 E 排名第 2，新兴前沿"可充电的锌空气电池"美国的指标 E 排名第 3，其他 3 个前沿"有机室温磷光材料"、"石墨炔研究"和"等离子体用于废水处理"，指标 E 则均空白。

第 2 组，中国处于创新卓越位势、美国处于创新前列位势的 1 个前沿。新兴前沿"三元共沸物萃取精馏工艺"，中国所有指标均排名第 1，美国的研究前沿热度指数排名第 4，指标 E 空白，其他指标排名第 2~5（表 14.9）。

14.3.7 物理学领域

物理学领域共遴选出 12 个前沿，包括 10 个热点前沿和 2 个新兴前沿，美国 12 个前沿均处于创新卓越状态。根据中国的表现可以分为 4 组，其中 9 个前沿中国处于创新卓越状态（占比 75.00%），1 个前沿处于创新前列，2 个前沿处于创新行列。

第 1 组，中国处于创新卓越状态的 9 个前沿。热点前沿"新型深紫外非线性光学晶体材料的合成和性质研究"，中国的所有指标均排名第 1，美国的所有指标均排名第 2。热点前沿"隐粲五夸克态的实验和理论研究"，中国除了指标 D 排名第 3 外，其他指标均排名第 1；美国除了指标 D 排名第 1 外，其他指标均排名第 2。热点前沿"非厄米系统的拓扑态研究"

表14.9 化学与材料科学领域16个前沿中国和美国9个指标得分和排名对比

序号	前沿名称	国家	得分										排名							
			国家研究前沿热度指数	国家贡献度	国家影响度	A	B	C	D	E	F	国家研究前沿热度指数	国家贡献度	国家影响度	A	B	C	D	E	F
1	无铅储能陶瓷	中国	3.11	1.78	1.33	0.97	0.81	0.97	0.36	0.82	0.79	1	1	1	1	1	1	1	1	1
		美国	0.59	0.27	0.33	0.15	0.11	0.24	0.09	0.06	0.05	2	2	2	3	2	3	2	4	2
2	近红外二区荧光探针用于生物医学成像	中国	2.26	1.40	0.86	0.83	0.57	0.68	0.18	0.83	0.54	1	1	2	1	1	2	1	1	1
		美国	1.82	0.88	0.94	0.60	0.28	0.79	0.15	0.51	0.23	2	2	1	2	2	1	2	2	2
3	对映选择性合成阻旋异构体	中国	1.43	0.96	0.47	0.46	0.50	0.35	0.13	0.46	0.49	1	1	2	2	1	2	1	1	1
		美国	0.90	0.41	0.49	0.26	0.15	0.39	0.11	0.26	0.14	2	2	1	2	2	1	2	2	2
4	电化学促进的碳氢键官能团化反应	中国	1.30	0.86	0.44	0.41	0.46	0.36	0.08	0.38	0.44	1	1	2	2	1	2	1	1	1
		美国	0.93	0.45	0.47	0.30	0.15	0.42	0.06	0.30	0.13	2	2	1	2	2	1	2	2	2
5	水系锌离子电池正极材料	中国	2.13	1.39	0.74	0.69	0.70	0.62	0.12	0.67	0.66	1	1	1	2	2	1	1	1	1
		美国	0.84	0.49	0.35	0.28	0.21	0.30	0.05	0.15	0.16	2	2	2	2	2	2	2	2	2
6	有机室温磷光材料	中国	2.69	1.62	1.06	0.91	0.71	0.87	0.19	0.91	0.70	1	1	1	1	1	1	1	1	1
		美国	0.20	0.13	0.07	0.05	0.08	0.05	0.02	0.00	0.05	3	3	4	3	2	6	2	—	4
7	石墨炔研究	中国	2.90	1.69	1.22	0.92	0.77	0.94	0.27	0.88	0.74	1	1	1	1	1	1	1	1	1
		美国	0.20	0.14	0.06	0.04	0.10	0.01	0.05	0.00	0.06	3	3	4	3	2	6	2	—	2
8	氮杂环卡宾催化	中国	0.80	0.63	0.17	0.32	0.31	0.06	0.11	0.32	0.30	2	1	3	1	1	5	1	2	1
		美国	0.58	0.27	0.31	0.16	0.11	0.24	0.07	0.16	0.09	3	3	2	3	3	2	3	2	2
9	仿生肌肉水凝胶	中国	1.88	1.23	0.65	0.63	0.61	0.45	0.20	0.54	0.56	1	1	2	1	2	2	1	1	1
		美国	1.42	0.73	0.69	0.46	0.27	0.52	0.17	0.42	0.21	2	2	1	2	2	1	2	2	2
10	金属有机框架化合物用于气体分离和纯化	中国	2.41	1.45	0.96	0.80	0.65	0.73	0.23	0.40	0.60	1	1	2	1	1	1	2	2	1
		美国	2.14	1.10	1.04	0.87	0.23	0.87	0.17	0.80	0.18	2	2	1	2	2	1	1	1	2

续表

序号	前沿名称	国家	得分									排名						
			国家研究前沿热度指数	国家贡献度	国家影响度	A	B	C	D	E	F	国家研究前沿热度指数	国家贡献度	国家影响度	A	B	C	D	E	F
11	过渡金属磷化物作为电催化剂用于析氢反应	中国	3.10	1.79	1.31	0.89	0.90	0.76	0.55	0.78	0.88	1	1	1	1	1	1	1	1	1
		美国	0.68	0.29	0.38	0.22	0.07	0.24	0.14	0.22	0.03	2	2	2	2	2	3	2	2	3
12	具有聚集诱导发射特性的纳米粒子用于细胞光声成像	中国	3.73	1.90	1.83	1.00	0.90	1.00	0.83	1.00	0.88	1	1	1	1	1	1	1	1	1
		美国	0.30	0.08	0.22	0.00	0.08	0.00	0.22	0.00	0.06	2	2	2	—	2	—	2	—	2
13	可生物降解的传感器材料在生物医学领域的应用	中国	1.68	0.88	0.80	0.33	0.55	0.39	0.40	0.00	0.51	2	2	2	2	1	2	1	—	1
		美国	2.54	1.24	1.30	1.00	0.24	1.00	0.30	1.00	0.22	1	1	1	1	2	1	2	1	2
14	三元共沸物萃取精馏工艺	中国	3.40	1.83	1.56	1.00	0.83	1.00	0.56	0.89	0.82	1	1	1	2	1	1	1	1	1
		美国	0.34	0.17	0.18	0.11	0.06	0.09	0.08	0.00	0.02	4	4	3	4	3	5	2	—	2
15	等离子体用于废水处理	中国	3.26	1.83	1.43	1.00	0.83	1.00	0.43	0.94	0.82	1	1	1	1	1	1	1	1	1
		美国	0.38	0.20	0.18	0.11	0.09	0.11	0.07	0.00	0.04	3	3	2	3	2	3	2	—	2
16	可充电的锌空气电池	中国	3.39	1.76	1.63	0.89	0.87	0.97	0.67	0.78	0.85	1	1	1	1	1	1	1	1	1
		美国	0.88	0.31	0.57	0.22	0.09	0.48	0.09	0.22	0.06	3	3	3	3	3	3	3	3	3

"二维范德华磁性材料的特性研究"和"机器学习在量子多体物理中的应用"这3个前沿,中国的研究前沿热度指数均排名第2,美国的研究前沿热度指数均排名第1。热点前沿"魔角石墨烯/双层转角石墨烯的超导性研究""高阶拓扑绝缘体和高阶拓扑超导体""黑洞和量子场论中的复杂度研究"和新兴前沿"二维范德华异质结构的激子研究"这4个前沿,中国的研究前沿热度指数均排名第3,美国的研究前沿热度指数均排名第1。

第2组,中国处于创新前列的1个前沿。热点前沿"暗物质的直接探测",中国的研究前沿热度指数排名第4,美国的研究前沿热度指数排名第1,指标E则是中国和美国并列第1,美国的其他指标均排名第1。

第3组,中国处于创新行列的2个前沿。热点前沿"硅基自旋量子比特研究"和新兴前沿"Gauss-Bonnet引力下的黑洞自发标量研究",中国的研究前沿热度指数均排名第10,指标E均空白,除了"Gauss-Bonnet引力下的黑洞自发标量研究"中美国的指标D排名第4外,这2个前沿中,美国其他指标均排名第1(表14.10)。

14.3.8 天文学与天体物理学领域

天文学与天体物理学领域共遴选出11个前沿,包括10个热点前沿和1个新兴前沿。这些前沿,美国均位于创新卓越状态,根据中国的表现可以分为3组,即2个创新前列的前沿,4个创新行列的前沿,5个创新追赶的前沿,处于创新追赶状态的前沿共占45.45%。

第1组,中国进入创新前列状态的2个前沿。热点前沿"双黑洞系统及并合机制"和"通过多种方法测量哈勃常数",中国的研究前沿热度指数排名第6,指标E排名分别为第8和第4,美国各个指标均排名第1。

第2组,中国处于创新行列状态的4个前沿。热点前沿"原始黑洞观测及其与暗物质的关系"和"基于GW170817事件观测约束中子星性质",中国的研究前沿热度指数均排名第9,指标E均空白,美国各个指标均排名第1。热点前沿"快速射电暴观测"和"银心伽马射线超出现象及其与暗物质的关系",中国的研究前沿热度指数均排名第7,指标E排名分别为第5和第7,美国所有指标均排名第1。

第3组,中国处于创新追赶状态的5个前沿。热点前沿"对双中子星并合引力波事件GW170817的多信使观测""原行星盘观测揭示行星系统形成机制"和新兴前沿"弦论'沼泽地'猜想与宇宙学",中国的研究前沿热度指数排名分别为第11、16和14,指标E均空白,美国的所有指标均排名第1。热点前沿"'盖亚'测绘最精确银河系三维地图",中国的研究前沿热度指数排名为第11,指标E空白;美国的研究前沿热度指数排名为第2,指标E排名第3。"'罗塞塔'对彗星67P形态变化、物质构成等的观测发现",中国的研究前沿热度指数排名为第14,指标E空白;美国的指标E排名第2,研究前沿热度指数等其他指标均排名第1(表14.11)。

第14章 中美研究前沿科研实力比较研究

表 14.10 物理学领域 12 个前沿中国和美国 9 个指标得分和排名对比

序号	前沿名称	国家	得分									排名								
			国家研究前沿热度指数	国家贡献度	国家影响度	A	B	C	D	E	F	国家研究前沿热度指数	国家贡献度	国家影响度	A	B	C	D	E	F
1	魔角石墨烯/双层转角石墨烯的超导特性研究	中国	0.79	0.64	0.15	0.28	0.36	0.11	0.04	0.21	0.31	3	2	3	2	2	3	3	2	1
		美国	2.15	1.13	1.02	0.74	0.39	0.87	0.15	0.67	0.30	1	1	1	1	1	1	1	1	2
2	非厄米系统的拓扑态研究	中国	0.80	0.56	0.24	0.22	0.34	0.19	0.06	0.17	0.31	2	2	4	3	1	4	2	3	1
		美国	1.13	0.56	0.56	0.28	0.28	0.46	0.10	0.22	0.22	1	1	1	1	2	1	1	2	2
3	高阶拓扑绝缘体和高阶拓扑超导体	中国	0.75	0.56	0.20	0.23	0.32	0.15	0.05	0.21	0.28	3	2	6	3	2	6	2	2	1
		美国	1.61	0.89	0.72	0.51	0.37	0.63	0.09	0.38	0.27	1	1	1	1	1	1	1	1	2
4	二维范德华磁性材料的特性研究	中国	1.63	0.99	0.64	0.46	0.53	0.49	0.15	0.25	0.46	2	1	2	2	1	2	2	2	1
		美国	1.95	0.97	0.98	0.63	0.34	0.80	0.18	0.58	0.26	1	2	1	1	2	1	1	1	2
5	黑洞和量子场论中的复杂度研究	中国	0.40	0.32	0.08	0.14	0.18	0.07	0.02	0.05	0.14	3	3	4	4	2	5	3	6	2
		美国	1.42	0.80	0.63	0.47	0.33	0.56	0.07	0.37	0.28	1	1	1	1	1	1	1	1	1
6	机器学习在量子多体物理中的应用	中国	0.99	0.67	0.33	0.38	0.28	0.27	0.06	0.29	0.24	2	2	4	2	1	4	2	2	2
		美国	1.57	0.90	0.67	0.52	0.38	0.54	0.12	0.43	0.29	1	1	1	1	1	1	1	1	1
7	新型深紫外非线性光学晶体材料的合成和性质研究	中国	2.72	1.70	1.03	0.91	0.79	0.86	0.17	0.88	0.77	1	1	1	1	1	1	1	1	1
		美国	0.70	0.31	0.39	0.22	0.09	0.35	0.04	0.16	0.06	2	2	2	2	2	2	2	2	2
8	隐ересс五夸克态的实验和理论研究	中国	1.85	1.16	0.70	0.64	0.51	0.63	0.06	0.49	0.44	1	1	1	1	1	1	3	1	1
		美国	1.26	0.67	0.58	0.44	0.23	0.52	0.06	0.16	0.10	2	2	2	2	2	2	1	2	2
9	暗物质的直接探测	中国	1.02	0.57	0.45	0.40	0.17	0.31	0.14	0.40	0.13	4	4	11	3	3	12	6	1	2
		美国	2.67	1.37	1.30	1.00	0.37	1.00	0.30	0.40	0.24	1	1	1	1	2	1	1	1	1

135

续表

| 序号 | 前沿名称 | 国家 | 得分 ||||||| 排名 |||||||
			国家研究热度前沿指数	国家贡献度	国家影响度	A	B	C	D	E	F	国家研究前沿热度指数	国家贡献度	国家影响度	A	B	C	D	E	F
10	硅基自旋量子比特研究	中国	0.16	0.14	0.02	0.00	0.14	0.00	0.02	0.00	0.11	10	10	11	—	2	—	9	—	2
		美国	1.50	0.91	0.59	0.54	0.37	0.47	0.12	0.38	0.24	1	1	1	1	1	1	1	1	1
11	Gauss-Bonnet引力下的黑洞自发标量化研究	中国	0.26	0.20	0.06	0.07	0.13	0.02	0.04	0.00	0.08	10	9	11	9	6	13	9	—	4
		美国	1.03	0.58	0.44	0.33	0.25	0.36	0.08	0.33	0.21	1	1	1	1	1	1	4	1	1
12	二维范德华异质结构的激子研究	中国	1.04	0.55	0.48	0.25	0.30	0.31	0.17	0.13	0.26	3	3	3	3	2	3	3	3	2
		美国	2.15	1.02	1.12	0.63	0.40	0.73	0.39	0.50	0.32	1	1	1	1	1	1	1	1	1

第14章 中美研究前沿科研实力比较研究

表14.11 天文学与天体物理学领域11个前沿中国和美国9个指标得分和排名对比

序号	前沿名称	国家	得分									排名								
			国家研究前沿热度指数	国家贡献度	国家影响度	A	B	C	D	E	F	国家研究前沿热度指数	国家贡献度	国家影响度	A	B	C	D	E	F
1	"盖亚"测绘最精确银河系三维地图	中国	1.24	0.42	0.82	0.30	0.12	0.73	0.08	0.00	0.07	11	12	10	12	9	10	11	—	3
		美国	1.96	0.99	0.97	0.44	0.54	0.78	0.19	0.11	0.28	2	1	5	7	1	8	1	3	1
2	原始黑洞观测及其与暗物质的关系	中国	0.26	0.18	0.08	0.07	0.12	0.02	0.06	0.00	0.07	9	8	11	8	7	12	7	—	5
		美国	1.24	0.75	0.48	0.33	0.42	0.37	0.11	0.27	0.33	1	1	1	1	1	1	1	1	1
3	双黑洞系统及并合机制	中国	0.53	0.29	0.24	0.14	0.15	0.16	0.08	0.03	0.07	6	5	7	4	4	7	8	8	3
		美国	2.16	1.27	0.89	0.69	0.59	0.74	0.14	0.54	0.44	1	1	1	1	1	1	1	1	1
4	对双中子星并合引力波事件GW170817的多信使观测	中国	1.04	0.38	0.66	0.21	0.17	0.59	0.07	0.00	0.12	11	10	12	16	4	14	11	—	2
		美国	2.34	1.32	1.02	0.92	0.40	0.86	0.17	0.69	0.28	1	1	1	1	1	1	1	1	1
5	基于GW170817事件观测约束中子星性质	中国	0.65	0.34	0.31	0.18	0.16	0.26	0.06	0.00	0.07	9	7	13	10	5	13	10	—	4
		美国	2.10	1.30	0.80	0.76	0.54	0.70	0.10	0.56	0.38	1	1	1	1	1	1	1	1	1
6	快速射电暴观测	中国	0.69	0.39	0.30	0.17	0.23	0.27	0.03	0.03	0.16	7	7	7	7	3	7	7	5	2
		美国	2.26	1.37	0.89	0.83	0.54	0.80	0.10	0.27	0.32	1	1	1	1	1	1	1	1	1
7	原行星盘观测揭示行星系统形成机制	中国	0.17	0.12	0.05	0.05	0.07	0.03	0.02	0.00	0.03	16	15	17	15	11	17	12	—	9
		美国	2.56	1.50	1.06	0.90	0.60	0.89	0.17	0.60	0.34	1	1	1	1	1	1	1	1	1
8	通过多种方法测量哈勃常数	中国	0.89	0.48	0.41	0.29	0.19	0.34	0.06	0.14	0.14	6	5	9	5	3	7	25	4	2
		美国	2.57	1.36	1.21	0.93	0.43	0.99	0.22	0.50	0.26	1	1	1	1	1	1	1	1	1

137

续表

序号	前沿名称	国家	得分							排名						
			国家研究前沿热度指数	国家贡献度	国家影响度	A	B	C	D	E	F	国家研究前沿热度指数	国家贡献度	国家影响度	A	B	C	D	E	F

序号	前沿名称	国家	得分-国家研究前沿热度指数	得分-国家贡献度	得分-国家影响度	得分A	得分B	得分C	得分D	得分E	得分F	排名-国家研究前沿热度指数	排名-国家贡献度	排名-国家影响度	排名A	排名B	排名C	排名D	排名E	排名F
9	银心伽马射线超出现象及其与暗物质的关系	中国	0.92	0.53	0.39	0.35	0.18	0.36	0.03	0.05	0.12	7	5	7	7	3	7	19	7	2
		美国	2.04	1.13	0.91	0.72	0.41	0.80	0.11	0.28	0.26	1	1	1	1	1	1	1	1	1
10	"罗塞塔"对彗星67P形态变化、物质构成等的观测发现	中国	0.29	0.17	0.12	0.11	0.06	0.11	0.01	0.00	0.02	14	14	14	14	13	14	16	—	12
		美国	2.61	1.48	1.13	0.94	0.53	0.96	0.17	0.22	0.27	1	1	1	1	1	1	1	2	1
11	弦论"沼泽地"猜想与宇宙学	中国	0.11	0.08	0.03	0.02	0.06	0.02	0.01	0.00	0.03	14	14	14	14	9	16	9	—	12
		美国	1.40	0.77	0.62	0.44	0.33	0.52	0.10	0.32	0.25	1	1	1	1	1	1	1	1	1

14.3.9 数学领域

数学领域共遴选出 10 个热点前沿。中国表现创新卓越的有 5 个前沿（占 50.00%），创新前列的有 3 个前沿，创新行列的有 1 个前沿，创新追赶的有 1 个前沿。美国表现创新卓越的有 6 个前沿（占比 60.00%），创新前列的有 1 个前沿，创新行列的有 2 个前沿，创新追赶的有 0 个前沿。

第 1 组，中国处于创新卓越地位，美国处于创新卓越、创新前列或创新行列地位的 5 个热点前沿。热点前沿"几类非线性演化方程解析解的研究"和"可积非局部非线性薛定谔方程求解研究"，中国所有指标均排名第 1，美国均排名第 2。热点前沿"概率布尔网络的优化控制研究"和"变分不等式问题和不动点问题的迭代算法"，中国所有指标均排名第 1，美国的研究前沿热度指数排名分别为第 5 和第 8，指标 E 均空白。热点前沿"样本均值最优估计方法研究"，中国的研究前沿热度指数和指标 E 均排名第 1，其他指标排名为第 1~3；美国的研究前沿热度指数排名第 2，指标 E 空白，其他指标排名为第 1~2。

第 2 组，中国处于创新前列地位，美国处于创新卓越或创新行列或创新追赶地位的 3 个前沿。热点前沿"高维模型性质及应用研究"，中国的研究前沿热度指数排名第 5，指标 E 排名第 2，其他指标排名在第 2~7，美国所有指标均排名第 1。热点前沿"几类分数阶方程及其精确解和孤子解研究"，中国的研究前沿热度指数排名第 4，指标 E 排名第 2，其他指标排名在第 1~6；美国的研究前沿热度指数排名第 9，指标 E 排名第 2，其他指标排名在第 2~12。热点前沿"基于龙格库塔、NUMEROV 等方法的高阶微分方程数值解法研究"，中国的研究前沿热度指数排名第 4，指标 E 排名第 4，其他指标排名在第 3~4；美国在该前沿的所有指标均空白。

第 3 组，中国处于创新行列、美国处于创新卓越地位的 1 个前沿。热点前沿"神经网络中的奇异态研究"，中国的研究前沿热度指数排名第 8，指标 A、C、E 空白，其他指标排名在第 1~11；美国的研究前沿热度指数排名第 3，指标 E 排名第 2，其他指标排名在第 2~5。

第 4 组，中国处于创新追赶、美国处于创新卓越地位的 1 个前沿。热点前沿"多层贝叶斯建模及其在多款计算软件包中的应用"，中国的研究前沿热度指数排名第 15，指标 A、C、E 均空白，其他指标排名在第 9~17，美国各个指标均排名第 1（表 14.12）。

14.3.10 信息科学领域

信息科学领域共遴选出 10 个热点前沿。其中，中国在 9 个前沿（占比 90.00%）处于创新卓越状态，1 个前沿处于创新追赶状态。美国在 9 个前沿处于创新卓越状态，1 个前沿处于创新前列状态。

第 1 组，中国和美国均处于创新卓越状态的 8 个热点前沿。这些前沿中，中国

表 14.12 数学领域 10 个前沿中国和美国 9 个指标得分和排名对比

序号	前沿名称	国家	得分										排名								
			国家研究热度指数	国家贡献度	国家影响度	A	B	C	D	E	F	国家研究前沿热度指数	国家贡献度	国家影响度	A	B	C	D	E	F
1	样本均值最优估计方法研究	中国	2.31	1.20	1.11	1.00	0.20	1.00	0.11	1.00	0.18	1	1	2	1	2	1	3	1	1
		美国	1.88	0.73	1.15	0.50	0.23	0.91	0.24	0.00	0.13	2	2	1	2	1	2	1	—	2
2	神经网络中的奇异态研究	中国	0.23	0.20	0.02	0.00	0.20	0.00	0.02	0.00	0.18	8	6	11	—	2	—	6	—	1
		美国	0.48	0.23	0.25	0.09	0.14	0.21	0.03	0.09	0.09	3	4	3	5	5	3	4	2	4
3	几类分数阶方程及其精确解和孤子解研究	中国	0.71	0.48	0.23	0.19	0.29	0.11	0.12	0.06	0.26	4	3	6	3	2	6	2	2	1
		美国	0.19	0.12	0.06	0.06	0.06	0.04	0.02	0.06	0.02	9	7	10	7	10	10	9	2	12
4	几类非线性演化方程解析解的研究	中国	3.05	1.84	1.22	1.00	0.84	1.00	0.22	0.71	0.79	1	1	2	1	1	1	1	1	1
		美国	2.05	1.04	1.01	0.89	0.15	0.92	0.09	0.61	0.08	2	2	2	2	2	2	2	2	2
5	可积非局部非线性薛定谔方程求解研究	中国	2.83	1.72	1.10	0.93	0.80	0.82	0.28	0.90	0.78	1	1	1	1	1	1	1	1	1
		美国	0.44	0.18	0.26	0.10	0.08	0.19	0.07	0.10	0.04	2	2	2	2	2	2	2	2	2
6	基于龙格库塔、NUMEROV 等方法的高阶微分方程数值解法研究	中国	1.16	0.85	0.31	0.38	0.48	0.26	0.05	0.03	0.18	4	4	4	4	3	4	3	4	4
		美国	0.00	0.00	0.00	0.00	0.00	0.00	0.00	0.00	0.00	—	—	—	—	—	—	—	—	—
7	多层贝叶斯建模及其在多款计算软件包中的应用	中国	0.05	0.03	0.02	0.00	0.03	0.00	0.02	0.00	0.02	15	15	17	—	11	—	17	—	9
		美国	2.57	1.33	1.23	0.78	0.56	0.84	0.39	0.67	0.43	1	1	1	1	1	1	1	1	1
8	高维模型性质及应用研究	中国	0.22	0.18	0.04	0.07	0.12	0.02	0.01	0.07	0.08	5	2	5	2	2	5	7	2	2
		美国	2.69	1.61	1.08	0.93	0.68	0.85	0.23	0.87	0.60	1	1	1	1	1	1	1	1	1

140

续表

序号	前沿名称	国家	得分									排名						
			国家研究前沿热度指数	国家贡献度	国家影响度	A	B	C	D	E	F	国家研究前沿热度指数	国家贡献度	国家影响度	A	B	C	D	E	F
9	概率布尔网络的优化控制研究	中国	3.19	1.93	1.26	1.00	0.93	1.00	0.26	1.00	0.90	1	1	1	1	1	1	1	1	1
		美国	0.04	0.04	0.00	0.00	0.04	0.00	0.00	0.00	0.01	5	4	8	—	3	—	8	—	3
10	变分不等式问题和不动点问题的迭代算法	中国	2.23	1.33	0.89	0.68	0.65	0.74	0.16	0.36	0.47	1	1	1	1	1	1	1	1	1
		美国	0.08	0.04	0.04	0.02	0.02	0.04	0.00	0.00	0.00	8	13	9	11	12	7	16	—	19

和美国的研究前沿热度指数均排名在前3，引领这些前沿方向的发展。其中，"基于混沌的图像加密研究"、"无线移动边缘计算研究"和"长距离连续变量量子密钥分配"3个热点前沿，中国的所有指标均排名第1，美国的研究前沿热度指数均排名第2，指标E均排名第3。

热点前沿"基于生物特征的三因素身份认证方案"，中国所有指标均排名第1；美国的指标E空白，指标F排名第6，其他指标则均排名第3。热点前沿"单一图像去雾算法与系统"，中国的指标E排名第2，其他指标均排名第1；美国的研究前沿热度指数排名第3，指标E排名第2，其他指标排名在第2~7。

热点前沿"无人机无线通信网络、传输保密和轨迹优化研究"，中国的研究前沿热度指数和指标E均排名第2；美国的研究前沿热度指数和指标E排名分别为第3和第2，其他指标排名为第2~3。热点前沿"基于深度卷积神经网络的脑肿瘤图像分割研究"，中国的研究前沿热度指数和指标E排名均为第3，其他指标排名为第1~14；美国的研究前沿热度指数和指标E排名均为第1，其他指标排名为第1~2。热点前沿"AlphaGo Zero的强化学习算法"，中国的研究前沿热度指数排名第3，指标A、C、E均空白，其他指标排名在第1~4；美国的研究前沿热度指数排名第2，指标E空白，其他指标排名为第1~2。

第2组，中国处于创新卓越、美国处于创新前列状态的1个前沿。热点前沿"用于人脸识别的局部二进制描述符的学习"，中国所有指标排名均第1；美国的研究前沿热度指数和指标E排名第4，其他指标排名为第2~4。

第3组，中国处于创新追赶、美国处于创新卓越状态的1个前沿。热点前沿"使用lme4拟合线性混合效应模型"，中国的研究前沿热度指数排名第13，指标A、C、E空白；美国所有指标均排名第1。该前沿是美国的优势前沿，但中国尚没有重要的成果产出，仍处于创新追赶状态（表14.13）。

14.3.11 经济学、心理学及其他社会科学领域

经济学、心理学及其他社会科学领域共遴选出13个前沿，包括10个热点前沿和3个新兴前沿。根据中国的表现可以分为4组，中国在5个前沿处于创新卓越状态，3个前沿在创新前列状态，3个前沿在创新行列状态，2个前沿仍处在创新追赶状态。美国有10个前沿在创新卓越状态，3个前沿在创新前列状态。

第1组，中国处于创新卓越、美国处于创新卓越或创新前列状态的5个前沿。中国和美国处于创新卓越状态的4个前沿，包括：热点前沿"中国农村土地资源配置与管理＆政策创新"，中国各个指标均排名第1，美国各指标均排名第2；热点前沿"随机参数多元空间模型在车祸伤害中的应用"，中国各个指标均排名第2，美国各指标均排名第1；热点前沿"Airbnb共享经济中消费者评估及其对

第14章 中美研究前沿科研实力比较研究

表14.13 信息科学领域10个前沿中国和美国9个指标得分和排名对比

| 序号 | 前沿名称 | 国家 | 得分 ||||||||| 排名 |||||||||
			国家研究前沿热度指数	国家贡献度	国家影响度	A	B	C	D	E	F	国家研究前沿热度指数	国家贡献度	国家影响度	A	B	C	D	E	F
1	无人机无线通信网络、传输保密和机迹优化研究	中国	1.06	0.86	0.20	0.33	0.53	0.11	0.09	0.13	0.47	2	1	5	2	1	6	1	2	1
		美国	0.68	0.38	0.30	0.17	0.21	0.23	0.06	0.13	0.10	3	3	2	3	2	2	3	2	2
2	基于混沌的图像加密研究	中国	2.53	1.50	1.03	0.87	0.64	0.88	0.15	0.87	0.61	1	1	1	1	1	1	2	1	1
		美国	0.25	0.16	0.10	0.11	0.05	0.07	0.02	0.02	0.01	2	2	4	2	4	2	2	3	9
3	无线移动边缘计算研究	中国	2.49	1.49	1.00	0.83	0.65	0.76	0.24	0.72	0.60	1	1	2	4	2	1	2	1	1
		美国	0.46	0.28	0.18	0.11	0.17	0.12	0.07	0.06	0.06	2	2	3	2	2	7	2	3	3
4	长距离连续变量量子密钥分配	中国	1.31	0.81	0.50	0.36	0.45	0.37	0.14	0.36	0.42	1	1	2	2	1	1	2	1	1
		美国	0.95	0.50	0.45	0.30	0.20	0.36	0.09	0.12	0.14	2	2	3	2	2	2	2	3	2
5	基于深度卷积神经网络的脑肿瘤图像分割研究	中国	0.61	0.48	0.13	0.15	0.33	0.06	0.07	0.15	0.28	3	2	13	4	1	14	2	3	1
		美国	1.20	0.71	0.49	0.38	0.32	0.35	0.14	0.23	0.23	1	1	1	1	2	2	1	1	2
6	基于生物特征的三因素身份认证方案	中国	2.01	1.20	0.81	0.68	0.52	0.69	0.12	0.52	0.45	1	1	1	3	3	3	3	1	1
		美国	0.86	0.47	0.39	0.35	0.11	0.36	0.03	0.00	0.02	3	3	3	3	3	3	3	—	6
7	单一图像去雾算法与系统	中国	2.28	1.34	0.94	0.67	0.67	0.65	0.29	0.17	0.64	1	1	1	1	1	1	1	2	1
		美国	0.52	0.34	0.18	0.25	0.09	0.11	0.07	0.17	0.03	3	3	5	5	2	7	3	2	5
8	用于人脸识别的局部二进制描述符的学习	中国	2.19	1.27	0.91	0.65	0.63	0.63	0.28	0.59	0.60	1	1	4	4	2	1	3	1	1
		美国	0.65	0.36	0.29	0.24	0.12	0.22	0.07	0.06	0.06	4	3	4	4	4	4	3	4	2

143

续表

序号	前沿名称	国家	得分							排名						
			国家研究前沿热度指数	国家贡献度	国家影响度	A	B	C	D	E	F	国家研究前沿热度指数	国家贡献度	国家影响度	A	B	C	D	E	F
9	使用 lme4 拟合线性混合效应模型	中国	0.05	0.04	0.02	0.00	0.04	0.00	0.02	0.00	0.02	13	13	14	—	12	—	14	—	11
		美国	2.24	1.06	1.18	0.67	0.39	0.91	0.27	0.67	0.31	1	1	1	1	1	1	1	1	1
10	AlphaGo Zero 的强化学习算法	中国	0.42	0.34	0.08	0.00	0.34	0.00	0.08	0.00	0.30	3	3	4	—	2	—	4	—	1
		美国	1.47	0.68	0.79	0.33	0.35	0.44	0.36	0.00	0.27	2	2	2	2	1	2	1	—	2

酒店业的影响"和"语言和记忆的强化学习",中国的研究前沿热度指数排名第3,美国的所有指标均排名第1。还有1个中国处于创新卓越、美国处于创新前列状态的前沿"区域可再生能源与经济发展",中国所有指标均排名第1,美国的研究前沿热度指数排名第5,指标E空白。

第2组,中国处于创新前列、美国属于创新卓越或创新前列状态的3个前沿。热点前沿"自动驾驶对政策和社会的影响",中国的研究前沿热度指数排名第4,美国的各指标均排名第1。"循环经济和可持续性商业模式创新",中国的研究前沿热度指数排名第5,指标E空白,美国的研究前沿热度指数和指标E均排名第6。新兴前沿"区块链技术及应用",中国的研究前沿热度指数排名第6,指标A、C、E均空白,美国的各指标均排名第1。

第3组,中国处于创新行列、美国处于创新卓越或创新前列状态的3个前沿。热点前沿"消费者对移动银行等新技术的接受和使用意图"和"养育方式与短期和长期社会化结果",中国的研究前沿热度指数排名第7,指标E均空白,美国排名第2和第3。"比特币的市场效率和信息效率",中国的研究前沿热度指数和指标E均排名第8,美国的研究前沿热度指数排名第5。

第4组,中国处于创新追赶、美国处于创新卓越状态的2个前沿。"超加工食品消费量及健康风险",中国的研究前沿热度指数排名第13,指标A、C、E均空白,美国的研究前沿热度指数排名第2。"基于共享社会经济路径的土地利用和气候变化研究",中国的研究前沿热度指数排名第12,指标E空白,美国的研究前沿热度指数排名第1(表14.14)。

14.4 讨论

本报告通过研究前沿的中美比较定量数据分析,揭示出中国在若干研究上已经处于较高的创新位势,现阶段在接近80.00%的研究前沿上已经进入了创新行列及以上位势(包括创新卓越、创新前列和创新行列);美国在绝大多数研究前沿处于较高的创新位势,97.97%以上的研究前沿处于创新行列及以上位势。

但中国与美国在前沿研究上仍有较大差距,中美研究前沿热度指数分别为151.29和226.63,中国约为美国的66.76%。中国和美国分别有72个(占前沿总数的48.65%)和130个(占前沿总数的87.84%)前沿处于创新卓越位势;同时中国仍有30个(占前沿总数20.27%)研究前沿仍处在创新追赶状态,美国有1个研究前沿处于创新追赶状态,2个前沿空白。

除了数学领域美国仅有60%的前沿进入创新卓越位势外,其他10个领域均有接近或超过80%的前沿进入创新卓越位势。总体来说,美国的领域发展比较均衡。

表 14.14 经济学、心理学及其他社会科学领域 13 个前沿中国和美国的 9 个指标得分和排名对比

序号	前沿名称	国家	得分									排名								
			国家研究前沿热度指数	国家贡献度	国家影响度	A	B	C	D	E	F	国家研究前沿热度指数	国家贡献度	国家影响度	A	B	C	D	E	F
1	中国农村土地资源配置与管理 & 政策创新	中国	3.09	1.79	1.30	0.96	0.83	0.94	0.36	0.96	0.79	1	1	1	1	1	1	1	1	1
		美国	0.33	0.21	0.12	0.08	0.13	0.06	0.06	0.04	0.05	2	2	2	2	2	2	2	2	2
2	比特币的市场效率和信息效率	中国	0.24	0.21	0.04	0.05	0.16	0.02	0.01	0.03	0.14	8	2	17	10	2	19	7	8	2
		美国	0.29	0.20	0.09	0.08	0.12	0.07	0.02	0.05	0.09	5	3	6	7	3	7	4	7	3
3	随机参数多元空间模型在车祸伤害中的应用	中国	1.11	0.74	0.37	0.32	0.42	0.26	0.11	0.18	0.34	2	2	2	2	2	2	2	2	2
		美国	2.10	1.19	0.92	0.66	0.53	0.73	0.19	0.53	0.42	1	1	1	1	1	1	1	1	1
4	自动驾驶对政策和社会的影响	中国	0.30	0.24	0.06	0.07	0.17	0.01	0.04	0.05	0.12	4	2	6	4	2	12	2	6	2
		美国	1.58	0.82	0.76	0.43	0.39	0.60	0.16	0.40	0.33	1	1	1	1	1	1	1	1	1
5	Airbnb 共享经济中消费者评估及其对酒店业的影响	中国	0.49	0.33	0.16	0.12	0.21	0.10	0.05	0.09	0.16	3	2	3	4	7	3	9	3	2
		美国	1.31	0.75	0.56	0.48	0.26	0.45	0.11	0.39	0.19	1	1	1	1	1	1	1	1	1
6	语言和记忆的强化学习	中国	0.42	0.16	0.26	0.09	0.06	0.24	0.02	0.06	0.05	3	5	2	4	2	2	2	6	5
		美国	1.49	0.83	0.67	0.38	0.45	0.46	0.21	0.31	0.37	1	1	1	1	7	1	1	1	1
7	超加工食品消费量及健康风险	中国	0.03	0.02	0.01	0.00	0.02	0.00	0.01	0.00	0.01	13	15	13	—	14	—	11	—	15
		美国	1.16	0.62	0.54	0.34	0.27	0.42	0.12	0.10	0.17	2	2	2	2	2	2	1	3	2
8	循环经济和可持续性商业模式创新	中国	0.32	0.17	0.16	0.05	0.12	0.12	0.03	0.00	0.09	5	7	5	8	2	2	6	6	2
		美国	0.26	0.18	0.08	0.07	0.11	0.05	0.04	0.05	0.06	6	5	7	6	4	8	5	6	6
9	消费者对移动银行等新技术的接受和使用意图	中国	0.28	0.20	0.08	0.05	0.16	0.03	0.04	0.00	0.13	7	4	9	9	2	12	3	—	2
		美国	0.72	0.38	0.34	0.19	0.19	0.26	0.08	0.07	0.13	2	2	2	2	2	2	1	4	1
10	基于共享社会经济路径的土地利用和气候变化研究	中国	0.37	0.19	0.18	0.06	0.13	0.15	0.03	0.00	0.10	12	10	12	14	6	12	11	—	3
		美国	1.90	0.98	0.92	0.61	0.37	0.77	0.15	0.22	0.22	1	1	1	1	1	1	1	2	1

第14章 中美研究前沿科研实力比较研究

续表

序号	前沿名称	国家	得分									排名						
			国家研究前沿热度指数	国家贡献度	国家影响度	A	B	C	D	E	F	国家研究前沿热度指数	国家贡献度	国家影响度	A	B	C	D	E	F
11	区域可再生能源与经济发展	中国	1.92	1.08	0.84	0.52	0.56	0.53	0.31	0.52	0.51	1	1	1	1	1	1	1	1	1
		美国	0.22	0.12	0.09	0.04	0.09	0.02	0.07	0.00	0.01	5	5	4	4	4	7	3	—	14
12	养育方式与短期和长期社会化结果	中国	0.14	0.09	0.05	0.00	0.09	0.00	0.05	0.00	0.07	7	7	5	—	4	—	4	—	3
		美国	0.41	0.34	0.08	0.00	0.34	0.00	0.08	0.00	0.25	3	3	4	—	1	—	2	—	2
13	区块链技术及应用	中国	0.31	0.19	0.12	0.00	0.19	0.00	0.12	0.00	0.15	6	6	5	—	2	—	2	—	2
		美国	1.49	0.68	0.81	0.43	0.25	0.69	0.13	0.43	0.15	1	1	1	1	1	1	1	1	1

147

相对而言，中国在不同的领域发展并不均衡，11个领域中，化学与材料科学领域100.00%的前沿进入创新卓越位势，信息科学领域90.00%的前沿进入创新卓越位势，这两个领域是中国的优势领域。

农业科学、植物学和动物学领域，生态与环境科学领域有72.73%的前沿进入创新卓越位势，物理学领域有75.00%的前沿进入创新卓越行列。这3个领域是中国有一定优势但仍有进步空间的领域。

中国在数学领域有50.00%的前沿进入创新卓越行列，与美国在该领域60%的前沿进入创新卓越位势相差不大。

在其他5个领域，中国处于创新卓越位势的前沿较少，其中地球科学领域、临床医学领域、生物科学领域和经济学、心理学及其他社会科学领域4个领域，处于创新卓越位势的前沿的占比均在16.67%~38.46%，天文学与天体物理学领域处于创新卓越位势的前沿为0。

通过以上分析，建议我国在落实全面加强基础研究政策过程中，要分类施策，分别深入分析每个学科的整体短板和具体前沿短板。在学科上全面加强布局，对需要填补的空白，坚决填补，不留死角；对创新追赶类的学科和方向要查摆原因，找出弱点，强体强基，对标猛追；对创新前列类的学科和方向，总结优势，持续支持，培育卓越；对创新卓越类学科和方向，战略聚焦，营造生态，产出原创。

参考文献

[1] de Solla Price D J. Networks of scientific papers: The pattern of bibliographic references indicates the nature of the scientific research front. Science, 1965, 149 (3683): 510-515.
[2] 中国科学院科技战略咨询研究院，中国科学院文献情报中心，科睿唯安. 2020研究前沿. http://www.casisd.cn/zkcg/zxcg/202011/P020201114578078349185.pdf［2020-11-29］.
[3] 中国科学院科技战略咨询研究院，科睿唯安. 2020研究前沿热度指数. http://www.casisd.cn/zkcg/zxcg/202011/P020201114578547691796.pdf［2020-11-29］.

附录　研究前沿综述：寻找科学的结构

作者：David Pendlebury

Eugene Garfield 于 1955 年第一次提出"科学引文索引"概念之际，即强调了引文索引区别于传统学科分类索引的几点优势[1]。因为引文索引会对每一篇文章的参考文献做索引，检索者就可以从一些已知的论文出发，去跟踪新近出版的引用了这些已知论文的论文。此外，无论是顺序或回溯引用论文，引文索引都是高产与高效的。

因为引文索引是基于研究人员自身的见多识广的判断，并反映在他们文章的参考文献中，而图书情报索引专家对出版物的内容并不如作者熟悉只靠分类来做索引。Garfield 将这些作者称作"引文索引部队"，同时他认为这种索引是一张"创意联盟索引"。他认为引文是各种思想、概念、主题、方法的标志："引文索引可以精确地、毫不模糊地呈现主题，不需要过多的解释，并对术语的变化具备免疫力[2]。"除此之外，引文索引具有跨学科属性，打破了来源文献覆盖范围的局限性。引文所呈现出的联系不局限于一个或几个领域——这种联系遍布整个研究世界。对科学而言，自从学科交叉被公认为研究发现的沃土，引文索引便呈现出独特的优势。诺贝尔奖得主 Joshua Lederberg 是 Garfield 这一思想较早的支持者，他在自己的遗传学研究领域与生物化学、统计学、农业科学、医学的交叉互动中受益匪浅。Science Citation Index（现在的 Web of Science）创建于 1964 年，至 2020 年已有 56 个年头[3]。虽然 Science Citation Index 经过很多年才被图书情报人员以及学术圈完全认可，但是引文索引理念的影响力以及它在操作过程中产生的实质作用是无法被否认的。

虽然 Science Citation Index 的主要用途是信息检索，但是从其诞生之初，Garfield 就很清楚他的数据可以被利用来分析科学研究本身。首先，他意识到论文的被引频次可以界定"影响力"显著的论文，而这些高被引论文的聚类分析结果可以指向具体的领域。不仅如此，他还深刻理解到大量的论文之间的引用与被引用揭示了科学的结构,虽然它极其复杂。他发表于 1963 年的一篇论文"Citation Indexes in Sociological and Historical Research",论述了利用引文分析客观探寻研究前沿的方法[4]。这篇文章背后的逻辑与利用引文索引进行信息检索的逻辑如出一辙:引文不仅仅体现了智力活动之间的相互连接,还体现了研究者社会属性的相互联系,它是研究人员做出的智力判断,反映了学术领域学者行为的高度自治与自律。Garfield 在 1964 年与同事 Irving H. Sher 及 Richard J. Torpie 第一次将引文关系佐证下指向的具备影响力的相关理论按时期进行线性描述,制作出 DNA 的发现过程及其结构研究的一幅科学历史脉络图[5]。Garfield 清楚地看到引文数据是呈现科学结构的最好素材。到目前为止,除了利用引文数据绘制了特定研究领域的历史图谱外,尚未出现一幅展示更为宏大的科学结构的图谱。

在这个领域 Garfield 并不孤独。同期,物理学、科学史学家 Derek J. de Solla Price 也在试图探寻科学研究的本质与结构。作为耶鲁大学的教授,他首先使用科学计量方法对科学研究活动进行了测量,并且分别于 1961 年与 1963 年出版了两本颇具影响的书,证明了为什么 17 世纪以来无论是研究人员数量还是学术出版数量都呈现指数增长态势[6,7]。但是在他的工作中鲜有对科学研究活动本身的统计分析,因为在他不知疲倦的探究之路上,获取、质询、解读研究活动的想法还没有提上日程。de Solla Price 与 Garfield 正是在此时相识了。de Solla Price,这位裁缝的儿子,收到了来自 Garfield 的数据,他这样描述当时的情景:"我从 ISI 计算机房的剪裁板上取得了这些数据。"[8]

1965 年,de Solla Price 发表了《科学研究论文网络》一文,文中利用了大量的引文分析数据描述他所定义的"科学研究前沿"的本质[9]。之前,他使用"研究前沿"这个词语时采用的是其字面意思,即某些卓越科学家在最前沿所进行的领先研究。但是在这篇论文中,他以 N-射线研究为例(该研究领域的生命周期很短),基于按时间顺序排列的论文及其互引模式构成的网络,从出版物的密度以及不同时期活跃度的角度对研究前沿进行了描述。de Solla Price 观察到研究前沿是建立在新近发表的"高密度"论文上,这些论文之间呈现出联系紧密的网状关系图。

"研究前沿从来都不是像编织那样一行一行编出来的。相反,它常常被漏针编织成小块儿或者小条儿。这些'条'被客观描述成'主题',对'主题'的描述虽然随着时间推移会发生巨大变化,但是作为智力活动的内在含义保持了相对稳定性。如果有人想探寻这种'条'的本质,也许就会指向一种勾勒当前科学论文'地形图'的方法。这种'地形图'形成过程中,人们可以通过期刊在地图中的位置以及在'条'中的战略中心地位来识别期刊(实际上是国家、个人或单篇论文)的共同及各自相对的重要性。"[9]

时间到了 1972 年,年轻的科学史学者 Henry Small 离开位于纽约的美国物理学会，加入费城的美国科技信息所，他加入的最初动机是希望可以利用Science Citation Index的数据以及题名和关键词的价值。但是很快他就调整了方向，把注意力从"文字"转向了"文章间相互引用行为"，这种转变背后的动机与Garfield和de Solla Price不谋而合：引文的力量及其发展潜力。1973年，Small在Garfield1955年介绍引文思想论文的基础上，开拓出了自己全新的方向，发表了论文"Co-citation in the Scientific Literature: A New Measure of Relationship between Two Documents"。这篇论文介绍了一种新的研究方法——"共被引分析"，将描述科学学科结构的研究带入了一个新的时期[10]。Small利用两篇论文被共同被引用的次数来描述这两篇论文的相似程度，换句话说就是统计"共被引频率"来确认相似度。

他利用当时新发表的粒子物理领域的论文分析来阐述自己的方法。Small发现，这些通过"共被引"联系在一起的论文常常在研究主题上有高度的相似度，是相互关联的思想集合。他认为基于论文被引用频率的分析，可以用来寻找领域中关键的概念、方法和实验，是进行"共被引分析"的起点。前者用客观的方式揭示了学科领域的智力、社会和社会认知结构。像de Solla Price做研究前沿的研究一样，Small将最近发表的通过引用关系紧密编织在一起的论文聚成组，接着通过"共被引"分析，发现分析结果指向了自然关联在一起的"研究单元"，而不是传统定义的"学科"或较大的领域。Small将"共被引分析"比作一部完整的电影，而不是一张孤立的图片，以表达他对该方法潜力的极大信任。他认为，通过重要论文间的相互引用模式分析，可以呈现某个研究领域的结构图，这幅结构图会随着时间的推移而发生变化，通过研究这种不断变化的结构，"共被引分析"可以帮助我们跟踪科学研究的进展，以及评估不同研究领域的相互影响程度。

还有一位值得注意的科学家是俄罗斯研究信息科学的Irina V. Marshakova-Shaikevich。她也在1973年提出了"共被引分析"的思想[11]。但是Small与Marshakova-Shaikevich并不了解彼此的工作，因此他们的工作可以被看作是相互独立、不谋而合的研究。科学社会学家Robert K. Merton将这种现象称作"共同发现"，这在科学史上是非常常见的现象，而很多人却没有意识到这种常见现象的存在[12, 13]。Small与Marshakova-Shaikevich都将"共被引分析"与"文献耦合"现象进行了对比，后者是Myer Kessler于1963年阐释的思想[14]。

"文献耦合"也是用来度量两篇论文研究内容相似程度的方法，该方法基于两篇论文中出现相同参考文献的频次来度量它们的相似程度，即如果两篇论文共同引用了同一篇参考文献，他们的研究内容就可能存在相似关系，相同的参考文献越多，相似度越大。"共被引分析"则是"文献耦合"分析的"逆"方向：不用两篇文章共同引用的参考文献频次做内容相似度研究的线索，而是将"共同被引用"的参考文献聚类，通过"共被引分析"度量这些参考文献的相似度。"文献耦合"方法所判断两篇文章之间的相似度是"静态"的，因为当文章发表后，其文后的参考文献不会再发生变化，也就是说两篇论文之间的相似关系被固定下来了；但是"共被引"分析是一个逆过程，你永远无法预知哪些论文会被未来发表的论文"共同被引用"，它会随着研究的发展发生动态的变化。Small 更倾向于使用"共被引分析"，他认为这样的逆过程能够反映科学活动、科学家认知随着时间发生的变化[15]。

接下来的一年，即 1974 年，Small 与位于费城 Drexel University 的 Belver C. Griffith 共同发表了两篇该领域里程碑式的著作，阐释了利用"共被引分析"寻找"研究单元"的方法，并且利用"研究单元"间的相似度作图呈现研究工作的结构[16, 17]。虽然此后该方法有过一些重大的调整，但是它的基本原理与实施方式从来没有改变过。首先遴选高被引论文合集作为"共被引分析"的种子。将这样的高被引论文合集限定在一定规模范围内，这些论文被假定可以作为其相关研究领域关键概念的代表论文，对该领域起着重要的影响作用，作为寻找这些论文的线索，"被引用历史"成为关键点，利用引用频次建立的统计分析模型可以证明这些论文的确具有学科代表性与稳定性。一旦这样的合集被筛选出来，就要对该合集做"共被引"扫描。合集中，同时被同一篇论文引用的论文被结成对，称作"共被引论文

对"，当然会出现很多结不成对的"0"结果。当很多"共被引论文对"被找到时，接下来会检查这些"共被引论文对"之间是否存在"手拉手"的关系，举例来说：如果通过"共被引扫描"发现了"共被引论文对 A 和 B""共被引论文对 C 和 D""共被引论文对 B 和 C"，那么由于论文 B 和 C 的共被引出现，"共被引论文对 A 和 B"与"共被引论文对 C 和 D"就被联系到一起了。我们就认为两个"共被引论文对"出现了一次交叉或者"拉手"。因为这一次交叉，就将这两个"共被引论文对"合并聚成簇，也就是说两个"共被引论文对"间只需要一次"拉手"就能形成联系。

通过调高或调低共被引强度阈值可以得到规模大小不同的"聚类"或者"群"。阈值越低，越多的论文得以聚类，形成的"群"越大，阈值过低则会形成不间断的"论文链"。如果调高阈值，就可以形成离散的专业领域，但是如果相似度阈值设得太高，就会形成太多分裂的"孤岛"。

在构建研究前沿方法中采用的"共被引相似度"计量方法以及共被引强度阈值随着时间的推移有所不同。今天我们采用余弦相似性（cosine similarity）方法计量"共被引相似度"，即用共被引频次除以两篇论文的引用次数的平方根。而"共被引强度"最小阈值是相似度 0.1 的余弦，不过这个值是可以逐渐调高的，一旦调高就会将大的"聚类"变小。通常如果研究前沿聚类核心论文超过最大值 50 时，我们就会这样做。反复试验表明这种做法能产

生有意义的研究前沿。

现在我们做个总结,研究前沿是由一组高被引论文和引用这些论文的相关论文组成的,这些高被引论文的共被引相似度强度位于设定的阈值之上。

事实上,研究前沿聚类应该同时包含两个组成部分,一部分是通过共被引找到的核心论文,这些论文代表了该领域的奠基工作;另外一部分就是对这些核心论文进行引用的施引论文,它们中最新发表的论文反映了该领域的新进展。研究前沿的名称则是从这些核心论文或施引论文的题名总结来的。ESI 数据库中研究前沿的命名主要是基于核心论文的题名。有些前沿的命名也参考了施引论文。因为正是这些施引论文的作者通过共被引决定了重要论文的对应关系,也是这些施引论文作者赋予研究前沿以意义。研究前沿的命名并不是通过算法来进行的,仔细地、一篇一篇通过人工探寻这些核心论文和施引论文,无疑会对研究前沿工作本质的描述更加精确。

Garfield 这样评价 Small 与 Griffith 的工作,"他们的工作是我们的飞行器得以起飞的最后一块理论基石"[18]。Garfield——一位实干家,他将自己的理论研究工作转化成了数据库产品,无论是信息检索还是分析领域都受益良多。这个飞行器以 1981 年出版的《ISI 科学地图:生物化学和分子生物学》(*ISI Atlas of Science*:*Biochemistry and Molecular Biology, 1978/80*)而宣告起飞[19]。可以说,这本书所呈现的工作与 Small 的工作有着内在的联系。这本书分析了 102 个研究前沿,每一个前沿都包括一张图谱,包含了前沿背后的核心论文,以及多角度展示这些论文间的相互关系。每一组核心论文被详细列出,并且给出它们的被引用次数,那些重要的施引论文也会在清单中,还会基于核心论文的被引用次数给出每个前沿的相关权重。

伴随这些分析数据的还有来自各前沿专业领域的专家撰写的综述。书的最后,是这 102 个研究前沿汇总在一起的巨大图谱,显示出他们之间的相似关系。这绝对是跨时代的工作,但对于市场来说无异于一场赌博,这就是 Garfield 的个性写真。

Small 与 Griffith 于 1974 年共同发表的第二篇论文中,可以看到对不同研究前沿相似度的度量[17]。通过共被引分析构建的研究前沿及其核心论文,是建立在这些论文本身的相似度基础上的。同样,用这种方法形成的不同研究前沿之间的相似度也是可以描述的,从而发现那些彼此联系紧密的研究前沿。在他们的研究前沿图谱中,Smal 与 Griffith 通过不同角度剖析、缩放数据以期接近这两个维度的研究方向。

对 Small 与 Griffith 的工作,尤其是从以上两个维度解析通过共被引分析聚类论文图谱的工作,de Solla Price 认为"看上去这是非常深奥的工作,也是革命性的突破"。他强调"他们的发现似乎预示着科学研究存在内在的结构与秩序,需要我们进一步去发现、辨识、诊断。我们惯常用分类、主题词的方式去描述它,看上去与它自然内在的结构是背道而驰的。如果我们真想发现科学研究结构的话，无疑需要分析海量的科学论文，生成巨型地图。这个过程是动态的，不断随着时间而变化，这使得我们在第一时间就能捕捉到它的进展与特性"[8]。

在出版了另一本书和一系列综述性期刊之后[20, 21]，*ISI Altas of Science* 作为系列出版物终止于20世纪80年代。出于商业考虑，那时还有更优先的事情需要做。但是 Garfield 与 Small 继续执着地行走在科学图谱这条道路上，他们几十年来做了各种研究与实验。1985年，Small 发表了两篇论文介绍他关于研究前沿定义方法的重要修正：分数共被引聚类法（fractional co-citation clustering）[22]。

根据引用论文的参考文献的多少，通过计算分数被引频次调整领域内平均引用率差异，借此消除整体计数给高引用领域（如生物医药领域）带来的系统偏差。随着方法的改进，数学显得愈发重要，而在整数计数时代，数学曾被忽视。他还提出基于相似度可以将不同研究前沿聚类，这超越了单个研究前沿聚组的工作[23]。同年，Garfield 与 Small 发表了"The Geography of Science：Disciplinary and National Mappings"，阐述了他们研究的新进展。该论文汇集了 Science Citation Index 与 Social Sciences Citation Index 数据，勾勒出全球该领域的研究状况，从全球的整体图出发，他们还进一步探索了更小分割单位的研究图谱[24]。这些宏—聚类间的关系与具体研究内容同样重要。这些关联如同丝线，织出了科学之网。

接下来的几年里，Garfield 致力于发展他的科学历史图谱，并在 Alexander I. Pudovkin 与 Vladimir S. Istomin 的协助下，开发了 HistCite 这一软件工具。HistCite 不仅能够基于引用关系自动生成一组论文的历史图谱，提供某一特定研究领域论文发展演化的缩略图，还可以帮助识别相关论文，这些相关论文有可能在最初检索时没有被检索到，或者没有被识别出来。因此，HistCite 不仅是一个科学历史图谱的分析软件，也是帮助论文检索的工具[25, 26]。

Small 继续完善着他的共被引分析聚类方法，并且试图基于某个学科领域前沿之间呈示的认知关系图谱探索更多的细节内容[27, 28]。背后的驱动力是对科学统一性的强烈兴趣。为了显示这种统一性，Small 展示了通过强大的共被引关系，如何从一个研究主题漫游到另一个主题，并且跨越了学科界限，甚至从经济学跨越到天体物理学[29, 30]。对此 Small 与 E.O.Wilson 有类似的看法，后者在1998年出版的 *Consilience：The Unity of Knowledge* 一书中表达了类似的思想[31]。20世纪90年代早期，Small 发展了 Sci-Map，这是一个基于个人电脑的论文互动图形系统[32]。后来的数年中，他将研究前沿的研究数据放到了 ESI 数据库中。

ESI 数据库主要用来做研究绩效分析。ESI 数据库中的研究前沿，以及有关排名的数据每两个月更新一次。这时候，Small 对虚拟现实软件产生了极大的兴趣，因为这类软件可以产生模拟真实情况的三维虚拟图形，可以实时处理海量数据[33, 34]。例如，20世纪90年代末期，Small领导了一个科学论文虚拟图形项目，在桑迪亚国家实验室成功开发了共被引分析虚拟现实软件VxInsight[35, 36]。

由于桑迪亚国家实验室高级研究经理Charles E. Meyers富有远见的支持，在动态实时图形化学术论文领域，该研究无疑迈出了巨大的一步，这也是一个未来发展迅速的领域。该软件可以将论文的密度及显著特征用山形描绘出来。可以放大、缩小图形的比例尺，允许用户通过这样的比例尺缩放游走在不同层级学科领域。基础数据的查询结果被突出显示，一目了然。

事实上，20世纪90年代末期对于科学图谱研究来说是一个转折点，之后，有关如何界定研究领域，以及领域间关系的可视化研究都得到了迅猛发展。全球现在有很多学术中心致力于科学图谱的研究，他们使用的方法与工具不尽相同。印第安纳大学的Katy Borner教授在其2010年出版的一本书——Atlas of Science—Visualizing What We Know中对该领域过去10年取得的进展做了总结，当然这本书的名字听上去似曾相识[37]。

从共被引聚类生成科学图谱诞生，到今天这个领域如此繁荣，大约经历了25年的时间。很有意思的是，引文思想从产生到Science Citation Index的商业成功也大约经历了25年。当我们回顾这个进程时，清楚地看到相对于它们所处的时代来说两者都有些超前。如果说Science Citation Index面临的挑战来自图书馆界根深蒂固的传统思想与模式（进一步说就是来自研究人员检索论文的习惯性行为），那么，科学图谱，作为一个全新的领域，之所以迟迟未被采纳，其原因应归为，在当时的条件下，缺乏获取研究所需的大量数据的渠道，并受到落后的数据存储、运算、分析技术的限制。直到20世纪90年代，这些问题才得到根本解决。目前正以前所未有的速度为分析工作提供海量的分析数据，个人计算机与软件的发展也使个人计算机可以胜任这些分析工作。今天，我们利用Web of Science进行信息检索、结果分析、研究前沿分析、图谱生成，以及科学活动分析，它不仅拥有了用户，还拥有了忠诚的拥趸与宣传者。

Garfield与Small辛勤播种，很多年后这些种子得以生根、发芽，在很多领域迸发出勃勃生机。有人这样定义什么是了不起的人生——"在人生随后的岁月中，将年轻时萌发的梦想变成现实"。从这个角度说，他们两人不仅开创了信息科学的先锋领域，而且成就了他们富有传奇的人生。科睿唯安将继续支持并推进这个传奇的持续发展。

参考文献

[1] Garfield E. Citation indexes for science: A new dimension in documentation through association of ideas. Science, 1955, 122(3159): 108-111.

[2] Garfield E. Citation Indexing: Its Theory and Application in Science, Technology, and Humanities. NewYork: John Wiley & Sons, 1979.

[3] Genetics Citation Index. Philadelphia: Institute for Scientific Information, 1963.

[4] Garfield E. Citation indexes in sociological and

historical research. American Documentation, 1963, 14(4): 289-291.

[5] Garfield E, Sher I H, Torpie R J. The Use of Citation Data in Writing the History of Science. Philadelphia: Institute for Scientific Information, 1964.

[6] de Solla Price D J. Science Since Babylon. New Haven: Yale University Press, 1961. [See also the enlarged edition of 1975]

[7] de Solla Price D J. Little Science, Big Science. NewYork: Columbia University Press, 1963. [See also the edition Little Science, Big Science and Beyond, 1986, including nine influential papers by Price in addition to the original book]

[8] de Solla Price D J. Foreword in Eugene GarfieldE, Essays of an Information Scientist, Volume 3, 1977-1978, Philadelphia: Institute For Scientific Information, 1979: v-ix.

[9] de Solla Price D J. Networks of scientific papers: The pattern of bibliographic references indicates the nature of the scientific research front. Science, 1965, 149(3683): 510-515.

[10] Small H. Co-citation in scientific literature: A new measure of the relationship between two documents. Journal of the American Society for Information Science, 1973, 24(4): 265-269.

[11] Marshakova-Shaikevich I V. System of document connections based on references. Nauchno Tekhniche-skaya Informatsiza Seriya, 1973, (6): 3-8.

[12] Merton R K. Singletons and multiples in scientific discovery: A chapter in the sociology of science. Proceedings of the American Philosophical Society, 1961, 105(5): 470-486.

[13] Merton R K. Resistance to the systematic study of multiple discoveries in science. Archives Européennes de Sociologie, 1963, 4(2): 237-282.

[14] Kessler M M. Bibliographic coupling between scientific papers. American Documentation, 1963, 14(1): 10-25.

[15] Small H. Cogitations on co-citations. Current Contents, 1992, 10: 20.

[16] Small H, Griffth B C. The structure of scientific literatures I: Identifying and graphing specialties. Science Studies, 1974, 4(1): 17-40.

[17] Griffith B C, et al.. The structure of scientific literatures II: Toward amacro- and microstructure for science. Science Studies, 1974, 4(4): 339-365.

[18] Garfield E. Introducing the ISI Atlas of Science: Biochemistry and Molecular Biology, 1978/80. Current Contents, 42, 5-13, October 19, 1981 [reprinted in Eugene Garfield, Essays of an Information Scientist, Vol. 5, 1981-1982, Philadelphia: Institute for Scientific Information, 1983, 279-287]

[19] ISI Atlas of Science: Biochemistry and Molecular Biology, 1978/80, Philadelphia: Institute for Scientific Information, 1981.

[20] ISI Atlas of Science: Biotechnology and Molecular Genetics, 1981/82, Philadelphia: Institute for Scientific Information, 1984.

[21] Garfield E. Launching the ISI Atlas of Science: For the new year, a new generation of reviews. Current Contents, 1987, 1: 3-8. [reprinted in Eugene Garfield, Essays of an Information Scientist, vol. 10, 1987, Philadelphia: Institute for Scientific Information, 1988, 1-6]

[22] Small H, Sweeney E D. Clustering the Science Citation Index using co-citations. I. A comparison of methods. Scientometrics, 1985, 7(3-6): 391-409.

[23] Small H, Sweeney E D, Greenlee E. Clustering the Science Citation Index using co-citations. II. Mapping science. Scientometrics, 1985, 8(5-6): 321-340.

[24] Small H, Garfield E. The geography of science: Disciplinary and national mappings. Journal of Information Science, 1985, 11(4): 147-159.

[25] Garfield E, Pudovkin A I, Istomin V S. Why do we need algorithmic historiography?. Journal of the American Society for Information Science and Technology, 2003, 54(5): 400-412.

[26] Garfield E. Historiographic mapping of knowledge domains literature. Journal of Information Science, 2004, 30(2): 119-145.

[27] Small H. The synthesis of specialty narratives from co-citation clusters. Journal of the American Society for Information Science, 1986, 37(3): 97-110.

[28] Small H. Macro-level changes in the structure of cocitation clusters: 1983-1989. Scientometrics, 1993, 26(1): 5-20.

[29] Small H. A passage through science: Crossing disciplinary boundaries. Library Trends, 1999, 48(1): 72-108.

[30] Small H. Charting pathways through science: Exploring Garfield's vision of a unified index to science // Cronin B, Atkins H B. The Web of Knowledge: A Festschrift in Honor of Eugene Garfield. Medford: American Society for Information

Science, 2000: 449-473.
[31] Wilson E O. Consilience: The Unity of Knowledge, New York: Alfred A. Knopf, 1998.
[32] Small H. A Sci-MAP case study: Building a map of AIDs Research. Scientometrics, 1994, 30(1): 229-241.
[33] Small H. Update on science mapping: Creating large document spaces. Scientometrics, 1997, 38(2): 275-293.
[34] Small H. Visualizing science by citation mapping. Journal of the American Society for Information Science, 1999, 50(9): 799-813.
[35] Davidson G S, et al. Knowledge mining with Vxinsight®: Discovery through interaction. Journal of Intelligent Information Systems, 1998, 11(3): 259-285.
[36] Boyack K W, Wylie B N, Davidson G S. Domain visualization using Vxinsight for science and technology Management. Journal of the American Society for Information Science and Technology, 2002, 53(9): 764-774.
[37] Börner K. Atlas of Science: Visualizing What We Know. Cambridge: MIT Press, 2010.